A droite de la ligne britannique

Gilbert Nobbs

Writat

Cette édition parue en 2023

ISBN : 9789359256825

Publié par
Writat
email : info@writat.com

CHAPITRE I
FOVANT

SALLE DES ORDONNANCES. À L'AVANT

"Le commandant veut vous voir."

"Pourquoi ?" J'ai demandé.

"Je ne sais pas, mais il est dans la salle des rapports."
C'était l'adjudant qui parlait, et ses manières me faisaient penser qu'il y avait dans le vent quelque chose qu'il n'aimait pas me dire. J'ai quitté le mess et quelques instants plus tard, je me trouvais devant le commandant.
« Je viens de recevoir un télégramme du War Office ; vous faites partie des prochains renforts pour la France.
"Je suis content, monsieur."
"Vous n'avez que quarante-huit heures de préavis. Vous devez vous présenter à Southampton à 16 heures après-demain."
"Tres bien Monsieur."
"Eh bien, comme votre temps est si court, vous feriez mieux de rentrer chez vous et de préparer les choses. L'adjudant aura vos papiers prêts pour vous dans une demi-heure."
"Tres bien Monsieur."
Le commandant s'est levé et, avec son attitude militaire cordiale, qui semblait vous conduire directement de la salle des rapports au mess, il m'a tendu la main pour me dire au revoir.
Il y a toute une différence entre un commandant dans la salle des rapports et un commandant au mess. Je veux dire ces commandants qui sont faits de bonnes choses, et notre commandant était certainement l'un d'entre eux.
Dans la salle des rapports, sa présence vous tient à bout de bras et vous donne envie de continuer à claquer des talons et à venir au salut. Vous êtes conscient du crime terrible que vous commettriez si vous permettiez à votre corps de se détendre de la position du garde-à-vous ; vos pouvoirs de conversation sont limités ; vous avez l'impression d'avoir une voix derrière votre tête qui dit :

"Ne discutez pas, écoutez, digérez et sortez."

C'est un sentiment qui ne fait pas de la salle des rapports un lieu très agréable à fréquenter ; pourtant vous avez un sentiment instinctif de confiance.

Cependant, le même commandant dans le mess est un homme différent et crée une atmosphère tout à fait différente. Dans la salle des rapports, il vous éloigne de lui ; dans le désordre, il vous attire vers lui. Vous avez le sentiment de pouvoir vous asseoir dans un fauteuil, les pieds sur la caisse à charbon, et lui parler au coin de votre journal, comme l'être humain très ordinaire qu'il est réellement.

"Eh bien, au revoir et bonne chance." Nous nous sommes serrés la main, je suis venu saluer, et l'instant d'après je me suis retrouvé encore plus devant la porte de la salle des rapports.

Avez-vous déjà ressenti cette sensation ? Oui, des milliers de personnes l'ont fait, car l' envoi d'officiers en renfort au front de cette manière brutale avait lieu quotidiennement dans tout l'empire. Vous vous souvenez très bien de cette sensation ; étonnement devant sa soudaineté; désir d'aventure; la perspective du partage de maison ; le changement soudain dans la routine quotidienne ; le mystère du futur – tout cela tourbillonnant dans votre cerveau dans un fouillis de pensées.

Puis l' envoi précipité de télégrammes, l'examen des horaires, et l'emballage fiévreux d'un matériel devenu énorme et défiant désespérément les règles de poids.

Une heure plus tard, j'avais vendu rapidement mon vélo, distribué des meubles de cabane dont je n'aurais plus besoin et j'étais assis dans une automobile, à l'extérieur du mess, agrippant les mains qui se tendaient en guise d'adieu.

Ceux qui vivaient au camp de Fovant se souviennent à quel point cet endroit semblait inintéressant et morne à l'époque et à quel point nous maudissions sa monotonie. Des rangées et des rangées de cabanes sans intérêt et peu attrayantes ; la grande place stérile ; la pénible marche pénible jusqu'à la gare ; le petit village avec le policier militaire, qui se tenait à la croisée des chemins et dont le travail semblait si facile, tandis que le nôtre semblait si dur ; et qui semblait toujours si propre et frais, alors que nous semblions si chauds et poussiéreux.

La ville de Salisbury, notre seule lueur d'espoir, mais qui était trop loin pour y aller à pied et trop chère pour y aller en voiture - toutes ces choses que nous considérions comme des souffrances qu'il fallait supporter. Mais nous pouvons regarder le tableau maintenant, et rares sont ceux d'entre nous qui peuvent le faire sans un sentiment d'affection, car il régnait là un esprit de camaraderie qui relie la tristesse à d'agréables souvenirs.

Maintenant que j'ai visité l' usine , je peux repenser à cette scène d'adieu, et tandis que la voiture s'éloigne et que mes frères officiers retournent dans le mess, j'ai l'impression d'entendre les commentaires de ceux qui n'étaient pas encore sortis et de ceux qui qui avait:

"Basse chanceuse."

"Pauvre diable!"

———————————

CHAPITRE II
LES HÉROS SILENCIEUX

LA FEMME QUI ATTEND ET SOUFFRE EN SILENCE

Je fus bientôt confortablement installé dans un compartiment de première classe et tournoyai vers Waterloo, avec le pire ordre de tous encore devant moi : l'annonce de la nouvelle à la maison et la séparation pendant que le choc est encore frais.

Qui sont les véritables héros de la guerre ?

Nos combattants sont acclamés dans les rues ; tous les journaux et magazines chantent leurs louanges ; chaque vitrine reflète leurs besoins ; au théâtre, en chaire et en atelier, leurs louanges sont chantées.

Mais sont-ils les véritables héros de la guerre ?

Demandez au combattant lui-même. Parlez-lui de sa femme ou de sa mère, et l'expression de son visage répondra à votre question.

Il n'y a personne pour chanter ses louanges, personne pour dresser le tableau de ses actes ; personne pour parler de ce sentiment de solitude lorsque son héros s'en va et que la porte se ferme derrière lui.

Le combattant envisage sa part de la guerre avec un cœur léger. Les événements arrivent trop vite pour qu'il se sente déprimé. Il ne ressent pas la faim lancinante de l'attente solitaire ; le vide du monde une fois la fête terminée ; la chaise vide à table et les pièces rendues tristes par son absence.

Il n'y a personne pour décrire les terreurs de la liste des victimes du matin ; l'attente horaire et la peur figée du « rat tat » du télégraphiste , apportant de terribles nouvelles.

Il n'y a pas de foule pour l'encourager ; pas de drapeaux ni de trompettes pour éveiller son enthousiasme et occuper ses pensées. Pas d'activité constante, une excitation palpitante, une rencontre désespérée.

Son patriotisme est silencieux. Elle est la véritable héroïne de la guerre. Et dans des centaines de milliers de foyers à travers l'empire, ses actes silencieux, son merveilleux courage font de la féminité britannique une histoire que les médailles ne récompenseront pas et que les cicatrices ne montreront pas.

Les combattants le savent, et quand vous les acclamez, ils savent qu'il y en a encore un chez eux qui mérite vos acclamations, mais qui ne les entendra pas ; et qui ne chercheront pas de plus grande récompense que le retour sain et sauf de leur propre héros au milieu des applaudissements qui saluent leur retour.

Les combattants le reconnaissent ! Et lorsque vos oreilles ne seront plus assourdies par les acclamations des autres, enlevez vos casquettes, remplissez vos poumons et applaudissez à l'écho des véritables héros de la guerre.

Tout honneur à la femme qui attend.

CHAPITRE III
DÉPART POUR LE FRONT

GARE DE WATERLOO. ARGUMENTS DU DÉJEUNER. LE PROBLÈME DES BAGAGES

La gare de Waterloo en temps de guerre présente un tableau d'un intérêt sans fin. C'est ici que mille drames se jouent quotidiennement. C'est une immense scène d'agitation et d'excitation. Le kaki du soldat, le bleu du marin ; la mère, la femme, la chérie ; les tristes adieux, les salutations joyeuses. Les troupes s'entraînent, impeccables dans leur nouveau kit de guerre ; le soldat usé par la guerre, rentré chez lui en permission, éclaboussé par le sol de France ; des troupes des camps voisins en congé de week-end, dégringolant des voitures avec des esprits d'écoliers ou cherchant une place debout dans les compartiments surpeuplés du dernier train de retour.

La scène est inspirante, déprimante, historique.

Écoutez le bruit et le babillage du trône ; les sanglots et les acclamations ; le dernier regard, la dernière poignée de main, la salutation joyeuse et le rire enfantin - tandis que dans la rue, Londres continue sur sa lancée, indifférente à la plus grande guerre de l'histoire du monde qui se reflète à deux pas, à la gare de Waterloo.

Le train de Southampton se remplissait rapidement et j'ai juste réussi à trouver une place et à jeter un dernier coup d'œil. Il fallut une minute avant le départ du train. Chaque fenêtre était remplie de soldats et de petits groupes se tenaient autour de chaque porte cochère.

Les porteurs se précipitaient d'avant en arrière, essayant de trouver des sièges pour les arrivées tardives. Les femmes sanglotaient, les hommes parlaient avec sérieux. Bientôt le sifflement aigu du garde ; des adieux précipités, des acclamations spontanées, et le train qui avançait lentement quitta progressivement la gare, emportant son fret humain vers une destinée inconnue.

Je me détournai de la fenêtre et m'installai dans un coin. J'étais accompagné du lieutenant Collins de notre régiment, ainsi que des sous-lieutenants Jones et Bailey du London Regiment, tandis qu'entre nous une table était dressée pour le déjeuner.

"Bien!" " dit Collins, emballant son kit qui pendait d'une manière menaçante au support, " c'est un travail terminé. Je ne suis pas désolé non plus que ce soit fini. J'aurais aimé que nous revenions au lieu de partir. Cela ne me dérangerait pas de recevoir une plaie flétrie dans environ un mois. Cela me conviendrait parfaitement.

"Je cherche déjà les ennuis", a déclaré Jones.

"On n'appelle pas ça un problème, une jolie petite blessure flétrie, et puis on rentre à la maison."

"Ne sois pas idiot," l'interrompis-je. "Si tout le monde ressentait la même chose, qui, à votre avis, continuera la guerre ?"

"Je ne sais pas. Je n'y avais jamais pensé. Mais quand même, une blessure flétrie dans environ un mois me conviendra jusqu'au sol."

La conversation s'est poursuivie ainsi pendant quelques kilomètres, pour finalement se transformer en une discussion animée sur la carte des vins au fond du menu.

Le déjeuner fut servi et nous fûmes bientôt engagés dans une violente attaque contre le poulet et le jambon, mêlée de plaisanteries et de disputes. La cause de la guerre et la perspective de sa fin.

"Voici un retour en toute sécurité", a déclaré Bailey, lorsque son soda au gingembre a cessé d'exprimer son mécontentement à l'idée d'être libéré de la bouteille.

"Et voici une blessure précoce", a déclaré Collins.

"Arrêtez tout", a déclaré Jones. "Tu ne peux pas l'oublier ?"

La conversation reprenait et, heureusement, ne dérivait pas vers la politique ou la religion ; et les disputes se transformaient facilement en plaisanteries, et les plaisanteries en une nouvelle attaque contre le poulet et le jambon.

Il y a des hommes qui peuvent mieux argumenter lorsqu'ils sont armés d'un couteau et d'une fourchette et d'un bon repas incontestablement en leur possession. Il y en a d'autres dont les pouvoirs oratoires sont plus prometteurs lorsqu'un rafraîchissement liquide est à portée de main. Chez d'autres encore, l'influence apaisante de l'herbe tordue développe des pouvoirs extraordinaires. Et avant notre arrivée à la gare municipale de Southampton, le don de chacun a été pleinement exploité.

Nous nous retrouvâmes bientôt à grimper parmi le tas de bagages qui avaient été jetés en désordre sur le quai, et commençâmes une recherche anxieuse de nos kits.

Il en est toujours de même dans les gares anglaises, et nos cousins d'Amérique et du Canada méprisent notre système, ou plutôt notre manque de système, car ceux qui voyagent avec des bagages en Angleterre ont toujours la possibilité devant eux d'un combat libre pour récupérer leurs biens.

Il semble qu'il n'y ait qu'une seule chose à faire si vous comptez voyager avec une malle, c'est soit de la peindre aux couleurs de l'arc-en-ciel , afin qu'elle se démarque par un contraste saisissant avec le tas montagneux de bagages jetés sens dessus dessous hors du wagon à l'arrivée à un terminus. Ou , si vous ne disposez pas de cette prévoyance d'imagination, il est préférable d'arriver à la station de départ quelques heures à l'avance, de vous asseoir sur la plate-forme et d'étudier les particularités de votre coffre, ses empreintes et rayures, ainsi que d'autres caractéristiques . en mémorisant bien tous ces détails, de sorte que, lorsque vous arrivez à l'autre bout du fil, et que vous vous bousculez parmi la foule rassemblée autour du fourgon à bagages, vous puissiez saisir le col d'un porteur et crier frénétiquement : « Le voilà ! alors qu'il dégringole du wagon, pour être finalement submergé à l'extrême fond du tas.

Malheureusement, tous les sacs militaires sont exactement les mêmes. C'est vrai que votre nom est peint à l'extérieur, mais tout le monde aussi, et quand cinquante ou soixante sacs sortent, ils se ressemblent tous exactement.

C'était ainsi à la gare municipale de Southampton, mais nous étions tous de bonne humeur, grâce à la carte des vins évoquée précédemment ; et comme tous les propriétaires des sacs portaient sur leur dos une quantité inconfortable de munitions, le tas de bagages fut bientôt submergé sous un tas encore plus grand d'humanité énergique et en sueur, jusqu'à ce que la scène ressemble à une fourmi très dérangée. -Colline.

Mais j'exagère. Pourtant, l'exagération de mes mots, écrits dans un moment calme de réflexion, est bien moins bruyante que les mots exagérés utilisés à l'époque lors de la tentative frénétique de chercher son sac solitaire et de l'en sortir dans une telle bousculade.

Mais enfin , nous quatre, pliés en deux par nos sacs et en sueur dans la chaleur d'une journée d'août, on put nous voir rouler, pousser, donner des coups de pied et traîner nos affaires hors du quai vers l'entrée de la gare, pour chercher l'hospitalité. d'un ancien hack. Et puis nous sommes partis, notre matériel et nos équipements empilés autour de nous dans des angles précaires, et submergeant complètement les occupants, pour le plus grand plaisir des gens qui se levaient et nous regardaient bouche bée.

- 9 -

CHAPITRE IV
LA TRAVERSÉE DU MANCHE

LE PORTEUR DE QUAI. UNE BOUFFÉE DE BOND STREET

Arrivés au quai, nous nous sommes présentés à l'officier d'embarquement et avons reçu un laissez-passer pour quitter le quai, mais portant la stricte injonction que nous devions embarquer à 18 heures .

Lorsque vous traversez la France pour la première fois, vous êtes si nerveux à l'idée de rater le bateau et de courir le risque d'une cour martiale ou de toute autre suggestion aussi effroyable que vous osez à peine quitter les portes du quai, et vous attendez certainement à la passerelle un quart d'heure avant l'heure convenue.

Mais ceux qui ne sont plus novices dans le calcul mystérieux de ceux qui règlent le trafic de notre armée, dès qu'ils auront reçu une telle instruction, se rendront immédiatement au meilleur hôtel, s'y régaleront d'un thé de l'après-midi glorieux, et s'asseoiront ensuite à l'avant. se disputer avec l'Empire local ; Puis il s'est roulé à bord du navire peu après 9 heures et a constaté que le navire de transport de troupes ne devait pas naviguer avant au moins une heure.

Ayant joui de tout le plaisir d'un tel mépris des ordres, et arrivant en temps voulu à bord du navire, je cherchai mes bagages et les moyens de les embarquer. Je n'avais pas à chercher bien loin, car il y avait un certain nombre de soldats debout, dont la tâche évidente était d'effectuer les travaux de fatigue nécessaires.

Je les appelle soldats parce qu'ils étaient habillés en kaki ; mais l'uniforme du roi ne pouvait dissimuler le fait qu'ils étaient les anciens porteurs des quais. Il y a quelque chose dans le regard sérieux et anxieux du portier lorsqu'il vous offre ses services, que même la coupe martiale d'un uniforme militaire ne peut cacher. Sa profession de paix adoptée, si profondément inscrite dans son visage et son attitude, ne peut être si facilement cachée par le rideau de la guerre.

Un caporal suppléant s'est approché de moi et, m'assurant que rien de ce qui était laissé sous sa responsabilité ne s'égarerait, il a jeté mon kit sur son épaule avec une habileté professionnelle et m'a suivi jusqu'à la passerelle, plaçant soigneusement mes affaires dans ce qui aurait pu autrefois avoir lieu. été dans la cabine du navire. Il croisa les jambes, s'appuya lourdement d'un bras sur mon bagage et releva sa casquette à l'arrière de sa tête pour me permettre de voir la quantité exacte de transpiration sur son front, et il respirait fort pour que je puisse me faire une estimation exacte. de la fatigue qu'il avait endurée, il attendait avec espoir.

Je lui ai donné un pourboire.

Il est interdit à tous les règlements de donner un pourboire à un soldat ; mais cela semblait si naturel, car son uniforme kaki ne pouvait cacher l'habitude des années.

Il ne salua pas, mais toucha sa casquette. Je me souris en le regardant partir. Il était soldat maintenant ; mais l'uniforme ne pouvait dissimuler le fait qu'il était toujours porteur de quai.

Nous avons fait une traversée splendide et je n'oublierai pas de sitôt l'atmosphère romantique de cette nuit.

La mer était calme et la pleine lune dessinait un chemin argenté et chatoyant sur l'eau.

Toutes les lumières à bord du transport de troupes furent éteintes, et avec de la fumée noire s'échappant des cheminées et les vibrations des moteurs tremblant à travers le navire, nous nous précipitâmes à travers la Manche.

Qui d'autre que ceux dont le devoir est d'accomplir la tâche ardue de protéger nos navires de transport de troupes peut comprendre et apprécier ce que signifie vivre la vie d'un marin sur ces destroyers à l'air inconfortable.

Nuit après nuit, semaine après semaine, au fil des années, déchirant frénétiquement de haut en bas, à la recherche d'un ennemi caché ; oser les mines perfides ; sauvegarder leur confiance avec un mépris apparent pour leur propre sécurité.

Les hommes qui accomplissent de telles tâches sont des héros cachés ; et le transport en toute sécurité de nos millions de combattants à travers les mers est un hommage silencieux à leur bravoure.

Ce travail se poursuit et se poursuivra jusqu'à la fin de la guerre, et les hommes qui accomplissent cette grande tâche le font en sachant que seul l'échec peut faire connaître leur nom au public.

J'ai rencontré de nombreux vieux amis à bord et plusieurs nouveaux. Mais un homme en particulier attira mon attention, tant son apparence semblait étrangement dépareillée avec l'environnement.

Debout près de la descente, et regardant la scène avec une expression ennuyée, se tenait un jeune homme d'une trentaine d'années, vêtu d'un uniforme flambant neuf, avec une seule étoile sur sa bandoulière, qui le proclamait au monde entier sous-lieutenant. .

Il était d'apparence plutôt grassouillet, avec un visage rond et potelé, qui se retroussait dans un effort frénétique pour retenir à sa portée un monocle, à travers lequel il regardait ses semblables avec un étonnement muet ; et en plus, il portait des gants de chevreau neufs. C'était Septimus D'Arcy, vêtu d'une propreté impeccable, dégageant l'atmosphère de Bond Street ; indifférent à tout le monde, mais avec un air horrifié et mal à l'aise de se retrouver dans un environnement aussi inhabituel.

J'avais à peine quitté cette scène étrange que Collins me saisit par le bras.

"Viens par ici, je veux te présenter un de mes amis qui, je crois, se manifeste pour s'attacher à nous", dit-il.

Nous avons marché le long du pont et, à mon grand embarras, quelques instants plus tard, je me suis retrouvé à secouer la patte molle de Septimus D'Arcy, gant et tout.

Je ne suis pas sûr que Septimus, lors de mon introduction, ait fait autre chose qu'ouvrir la bouche, tandis que je levais et abaissais son avant-bras droit. Septimus aurait parlé, j'en suis sûr, car le mouvement de sa bouche indiquait que telle était son intention ; bien que l'expression, ou plutôt le manque d'expression, de son visage ne prouvât pas que ses remarques, si elles étaient prononcées, seraient très intéressantes. En fait, Septimus avait besoin d'encouragement.

"Nous faisons une traversée très agréable", risquai-je.

"Oui," dessina-t-il, "mais un endroit définitivement surpeuplé, quoi ?"

"Je suppose que oui, mais les transports de troupes sont toujours surpeuplés."

"Mais je dis : où dort-on ?"

Je soupçonnais plutôt que ce que Septimus voulait vraiment savoir, c'était s'il existait une cabine privée, où il pourrait déshabiller sa silhouette rondelette en toute isolement.

"Il semble y avoir deux endroits où dormir", répondis-je ; "soit dans la chaufferie, soit sur le pont."

"Sur le pont ! Plutôt inconfortable, quoi ?"

"Eh bien, pas aussi inconfortable que cela pourrait l'être plus tard. Je descends juste chercher mon kit et l'étale sur le pont", dis-je. "Tu n'aurais pas intérêt à prendre le tien aussi ?"

Je descendis en bas, laissant Septimus la bouche encore ouverte et le nez rond plissé avec une expression de malaise. Mais il ne fit aucun geste pour accepter mon invitation.

J'ai déroulé mon matériel sur le pont, à côté d'une longue rangée d'officiers déjà confortablement installés pour la nuit. De chaque côté de chaque officier se trouvaient son équipement de guerre et une bouée de sauvetage.

Je suis entré dans mon sac de couchage et, ne me sentant pas très somnolent, j'ai allumé une cigarette et j'ai regardé ce qui m'entourait.

La scène était très inspirante et je ne pouvais m'empêcher de rêver à l'avenir. Que nous réservait le destin ? Qui reviendrait dans la gloire ? Et qui serait appelé à payer le grand prix : revenir saignant et handicapé, dépendant pour son existence future de la bienveillance de la gratitude d'une nation ?

Le navire avança à toute vitesse, transportant son chargement humain. La distance avec les êtres chers laissés derrière s'est de plus en plus grande. De plus en plus près , nous nous dirigeons vers un avenir inconnu.

Combien de ceux qui traînaient, compagnons silencieux de leurs pensées, pensaient comme moi ?

Quel était l'avenir ? Horreur, anxiété, réussite, échec, mutilation, mort ; qu'est-ce que ça devait être ? Et quel changement cela a été par rapport à l'époque que nous avons connue dans le passé.

Nous étions tous des soldats civils : avocats, commerçants, banquiers et commerçants. Le combat n'était ni notre métier ni notre désir.

Qui a le pouvoir de transformer si impitoyablement ces vies des habitudes de paix en instruments de guerre ? Quelle est la main qui nous a arrachés de nos maisons et de nos familles, pour nous jeter dans le chaudron de l'enfer ? Quelle est l'ambition d'une nation guidée par la direction despotique d'un tyran ?

Nous le savions et y croyions. Nous ne pouvions pas rester les bras croisés à voir nos maisons et nos familles subir les destructions et les barbaries infligées à la Belgique. Le feu de l'enfer allumé par l'essence de la fureur allemande ne doit pas se diriger vers notre pays bien-aimé.

L'appel avait été répondu, et ces formes silencieuses de fils d'Angleterre se précipitaient toute la nuit en direction du danger, à la demande d'une nation en péril.

Ma cigarette était finie et je commençais à avoir sommeil. Je me retournai pour m'installer confortablement et, tournant les yeux en direction de la descente, j'aperçus la silhouette trapue d'un officier debout près de la rampe, impeccablement vêtu et contrastant étrangement avec son environnement.

C'était Septimus D'Arcy, immaculé et indifférent. Septimus était là ; mais Septimus était silencieux dans Bond Street.

CHAPITRE V
MONTER LA LIGNE

PLANCHES DE GANG PERFIDIES. D'ARCY BLOQUÉ. GUIDES QUI NE SAVENT PAS GUIDER. UNE ARGUMENTATION CHAUFFÉE

Le lendemain matin , nous avons été dérangés tôt et avons enroulé nos kits prêts pour le débarquement.

Vers 7 heures du matin , nous nous sommes arrêtés le long du quai, et une foule enjouée et bousculée s'est battue pour accéder à la passerelle.

Je n'ai pas encore pu comprendre pourquoi les planches des passerelles sont si étroites, de sorte qu'une seule personne à la fois ose entreprendre le passage.

Le chaos semblait régner. Le pont est soudainement devenu une masse humaine en difficulté, se débattant, tirant et traînant les valises et les sacs de matériel.

Les officiers assumaient vaillamment leur « ordre de marche » et se débattaient avec leurs valises, espérant que leur tour viendrait de prendre pied sur la passerelle.

La passerelle était longue et étroite, se courbant et grinçant sous le poids. Il y avait deux planches de passage : une pour descendre et une pour monter.

Mais nous n'étions pas marins et ne connaissions pas le système ; le résultat inévitable était que ceux qui montaient rencontraient ceux qui descendaient, jusqu'à ce qu'ils deviennent un mélange encombrant d'hommes, de bagages, de protestations et d'excuses.

Dans le meilleur des cas, les planches de gangs apparaissent comme des structures absurdes. Soit ils semblent être placés à un angle si dangereux que le seul moyen sûr de débarquer semble être de s'asseoir et de glisser. À d'autres moments, la passerelle présente une fâcheuse fissure et s'affaisse de manière précaire à mesure que l'on s'approche du milieu, tandis que deux matelots s'accrochent désespérément à l'extrémité pour l'empêcher de glisser du quai.

Ici, nous avons fait rapport à l'officier du débarquement, qui s'efforçait frénétiquement de créer de l'ordre à partir du chaos.

Dans des circonstances de ce genre, la meilleure chose à faire avec l'officier du débarquement est de se tenir à l'écart de lui. Nous avons donc saisi le seul hack disponible et nous sommes rendus dans l'un des principaux hôtels, qui avait la réputation d'être populaire.

Je ne sais pas vraiment si ces moyens de transport sont appelés hacks, mais le nom semble très approprié ; car le terme de transport semble trop digne pour des véhicules aussi délabrés.

Nous étions pourtant trop heureux de nous éloigner au plus vite du pont poussiéreux, et il faisait déjà très chaud.

En tournant dans l'une des rues secondaires, nous avons vu l'immortel Septimus, ressemblant à quelqu'un désespérément perdu au milieu du désert du Sahara.

Septimus n'était pas né soldat et il n'avait pas tenté de porter son équipement sur son dos ; Il ne semblerait pas non plus juste que Septimus porte un fardeau plus lourd sur sa forme potelée que son Sam Brown bien poli. Son équipement gisait donc sur le trottoir à côté de lui. Il l'avait visiblement traîné sur une certaine distance et le considérait comme une nuisance bestiale, et il se tenait là, espérant en vain qu'un taxi viendrait à son secours et l'aiderait à emporter cette chose bestiale.

Nous avons emmené Septimus, car il avait visiblement besoin de soins.

En arrivant à l'hôtel, nous nous précipitâmes tous dans la salle à manger pour le petit déjeuner, tous sauf Septimus D'Arcy, qui se dirigea droit vers le bar le plus proche et dont on entendit parler pour la dernière fois de cette journée en tapant vigoureusement une pièce de monnaie sur le comptoir et en transpirant. debout avec des perles sur le nez, criant frénétiquement pour un whisky et un soda.

Deux jours plus tard, j'ai reçu un bout de papier m'avertissant que je devais remonter la file ce soir-là.

J'étais un officier supérieur et j'aurais la charge de toutes les troupes partant ce soir-là. Si vous n'avez jamais eu ce travail, suivez mon conseil et évitez-le ; car de toutes les tâches ingrates, le pauvre diable qui se retrouve soudain dans le train OC, a la plus difficile de toutes.

Je me présentai à l'adjudant du camp, un type terriblement honnête, et, en guise de cadeau d'adieu, il me remit entre les mains une pile de documents et plusieurs feuilles d'instructions imprimées.

"Voilà, mon vieux, tu trouveras tout là-bas."

"Pourquoi, de quoi s'agit-il?" dis-je en m'accrochant au mystérieux paquet de papiers qu'il me fourra entre les mains.

"Il s'agit d'un dossier complet, en double exemplaire, de toutes les troupes dont vous avez la charge. Lorsque vous arrivez au poste, remettez ces papiers au RTO."

"De combien d'hommes ai-je la charge ?"

"Une foule assez nombreuse y va ce soir : 38 officiers et 1 140 autres militaires."

— À quels régiments appartiennent-ils ?

"Eh bien, je pense que vous avez des hommes qui appartiennent à presque tous les régiments servant en France. Il y a des renforts destinés à diverses unités, et de nombreux hommes reviennent de permission. Vous avez des Anglais, des Écossais, des Canadiens et des Australiens. J'ai des cavaliers, des artilleurs, du génie et des fantassins. Croyez-moi, vous avez les bras occupés ce soir.

"Vous trouverez en tête de colonne un guide qui connaît le chemin jusqu'à la gare. C'est à huit bonnes kilomètres d'ici."

Quand je suis sorti, j'ai trouvé la colonne longue de près d'un quart de mille, formée et prête à partir.

J'ai donné l'ordre de se déplacer à tous ceux qui étaient à portée de ma voix, et j'ai fait confiance aux autres pour suivre.

Il faisait assez sombre alors que la longue colonne avançait lentement sur les longs boulevards. Je n'avais pas la moindre idée de l'endroit où se trouvait la gare. Partout où j'allais, cette longue et encombrante colonne me suivait lentement et faisait aveuglément confiance en ma direction. J'ai placé ma foi dans le guide et nous avons continué.

Avant que nous soyons arrivés à mi-chemin, il devint évident que le guide avait une idée très lointaine de la direction à prendre ; et il se mit à interroger anxieusement les passants sur le bon chemin.

Je commençais à me sentir anxieux et à perdre patience.

"De quoi vous occupez-vous ? Nous emmenez-vous dans le bon sens ?" ai-je demandé.

"Je le pense, monsieur. Je ne sais pas."

"Tu ne sais pas ! Mais tu es le guide, n'est-ce pas ?"

"Oui, monsieur. Mais je ne suis jamais allé à la gare auparavant."

"Mais tu es censé être le guide. Veux-tu me dire que tu n'es pas sûr du chemin ?"

"Pas tout à fait, monsieur. Mais je fais de mon mieux."

"Eh bien, vous êtes une excellente sorte de guide ! Qui vous a détaillé ?"

"L'adjudant, monsieur."

"Eh bien, savait-il que tu n'étais jamais allé à la gare auparavant ?"

"Il ne me l'a jamais demandé, monsieur. Je n'effectuais aucune autre tâche, alors il m'a chargé de vous servir de guide."

Quel personnel travaille! Mais cela m'a bien servi ; et nous avons continué notre chemin, et finalement, à mon grand soulagement, nous sommes entrés dans la cour de la gare.

Je suis entré dans le bureau du RTO et j'ai posé ma pile de papiers sur son bureau.

L'officier des transports ferroviaires est une personne qui reste gravée dans la mémoire de tous ceux qui ont parcouru la ligne ; et beaucoup d'entre nous ont des raisons de se souvenir d'au moins l'un d'entre eux avec indignation.

Il existe deux types de RTO, et vous les avez rencontrés tous les deux.

Il y a celui qui a gagné son poste au front à force de travail. Il a traversé le cœur des combats, et après des mois dans les tranchées, il a été renvoyé pour agir comme RTO à la tête de ligne ou à la base, pour lui donner un repos bien mérité au-delà du bruit des canons. Nous n'avons aucun souvenir désagréable de lui. C'est un homme; il est humain ; il vous traite en camarade ; il est serviable et prévenant. Et vous pouvez repérer de tels hommes en un instant.

Mais RTO non. 2 ne porte aucun signe de guerre sur ses caractéristiques. Il n'a jamais entendu le bruit des armes à feu et n'a jamais l'intention de le faire, s'il peut s'en empêcher.

Repensez au moment où vous avez quitté la base et vous le retrouverez bien présent dans votre mémoire. Lorsque vous êtes blotti dans votre pirogue, comme vous souhaiteriez qu'il puisse vous être transféré pour un tour de service dans les tranchées.

Quel plaisir ce serait de l'envoyer dans son uniforme immaculé ; ses leggings et ses bottes très cirés, le long des tranchées de communication boueuses. Vous savez quel est ce sentiment, car vous vous êtes souvent dit lors de vos veilles nocturnes solitaires : « Comme j'aurais aimé l'avoir ici !

Il est 2 heures du matin ; la pluie tombe à torrents ; le danger se cache dans chaque caserne de pompiers ; la solitude et l'étrangeté vous donnent la chair de poule.

Comme vous aimeriez pouvoir le réveiller en lui enfonçant les côtes et en lui disant qu'il est temps de reprendre son service de haut en bas de ces tranchées détrempées d'argile à l'heure de la nuit où son courage (s'il arrive jamais) si j'en avais) serait au plus bas.

Quel bonheur ce serait si nous l'avions seulement avec nous lors de la prise en charge de nos tranchées, pour lui montrer cette pirogue nauséabonde et pleine de rats, et lui dire de s'y rouler en boule pour y dormir.

Comme elle serait douce la joie de le voir dans sa culotte de couleur pâle, blotti dans une tête de sève, essayant de trouver un peu de réconfort, par une froide et crue matinée de décembre, avec une goutte de thé dans une tasse en fer blanc, bien tachée de argile humide de nombreux doigts.

CHAPITRE VI
RATIONS

J'APPRENDS À DÉTESTER LA NOURRITURE. PROBLÈMES MATHÉMATIQUES

Nous arrivâmes à Rouen à 7h30 le lendemain matin. Je devais me présenter au RTO avant 9h30 et, entre-temps, 3 534 rations devaient être découpées et distribuées sur le quai de la gare à 1 178 officiers et hommes.

Avez-vous déjà eu un tel problème ? Si ce n'est pas le cas, évitez-le si jamais cela vous arrive.

Le train mesurait environ deux fois la longueur du quai, donc à l'arrivée il a été cassé en deux et la moitié arrière a été acheminée vers une autre ligne.

Les rations étaient contenues dans deux camions, attachés à la moitié arrière du train, de sorte que le contenu devait être transporté à la main sur plusieurs séries de rails, jusqu'à l'extrémité du quai.

J'avais une corvée de 60 hommes au travail, et bientôt une énorme quantité de provisions commença à s'accumuler : des coffres de thé, des caisses de biscuits, des caisses de confiture, des caisses de bœuf bully, du sucre et du bacon, en quantité suffisante pour remplir le coffre. entrepôt d'un marchand à commission en gros.

Trois jours de rations pour 1 178 officiers et hommes, en gros ; et 1 178 officiers et hommes commencèrent à se rassembler autour de la meule, dans l'attente affamée du petit-déjeuner.

Or, distribuer des rations à un bataillon directement à partir de vrac est déjà assez difficile, mais distribuer des rations à partir de vrac à des unités de forces diverses, appartenant à plus de cinquante régiments, suffit à rendre fou n'importe qui.

Chaque homme avait droit à deux onces et quart de thé, un quart d'once de moutarde, deux livres et quart de biscuits, trois quarts de livre de fromage, douze onces de bacon, une boîte de bœuf bully, neuf onces. de confiture.

Chaque unité devait être traitée séparément, de sorte que chaque unité présentait un problème mathématique des plus déroutants. Chaque unité envoya son groupe de fatigue pour tirer des rations, tandis que moi et plusieurs officiers qui s'étaient portés volontaires pour m'aider faisions une tentative audacieuse de distribution.

"Allez, premier homme, quel est votre régiment ?"

"Manchester, monsieur ; 59 hommes."

J'ai parcouru mon volume de papiers pour vérifier ses chiffres.

"C'est vrai ! Cinquante-neuf hommes."

Cinquante-neuf hommes signifiaient cinquante-neuf fois deux onces et quart de thé, un quart d'once de moutarde, deux livres et quart de biscuits, trois quarts de livre de fromage, douze onces de bacon, une boîte de conserve. du bœuf et neuf onces de confiture. Mon cerveau tourne quand je pense à ces problèmes.

L'unité suivante était composée de 9 hommes ; le suivant de 1 ; puis vint une longue liste de 2, 5 et 7, et ainsi de suite ; et dans chaque cas, le problème mathématique devait être résolu ; et une fois le découpage terminé, il fallait découper l'étoffe.

Soixante-dix-neuf livres de fromage pour les Manchester ; Est-ce que quelqu'un tu sais à quoi ressemblent soixante-dix-neuf livres de fromage ? Personne ne l'a fait ; nous n'avions jamais vu autant de fromage de notre vie.

"Donnez-lui un fromage entier et tentez votre chance. Et maintenant du thé; les Manchester veulent cent trente-deux onces trois quarts de thé. Donnez-lui environ trois poignées et tentez votre chance."

Le groupe suivant était composé de 2 hommes.

"Six onces de confiture pour les 19 Canadiens, ça fait combien ?"

"Près d'un demi-pot."

"Dans quoi vas-tu le mettre ?"

"Eu rien."

« Vous ne pouvez pas en avoir, alors ? »

"Allez, prochain homme."

Quand j'ai vu la dernière pile de nourriture, il était 11h30. Nous avions faim et nous étions fatigués et nous nous sommes dirigés vers l'hôtel le plus proche, espérant ardemment ne plus jamais revoir de nourriture en vrac.

CHAPITRE VII
ST. AMAND

Je fais rapport au siège social. LE PROBLEME DE LA VENTILATION

Nous sommes retournés à la gare et avons sécurisé un compartiment très luxueux ; et à mon immense soulagement, à cette occasion , j'ai découvert qu'un officier supérieur à moi était présent, qui a succédé aux fonctions d'OC Train.

Les fonctions de commandant de train sont une sensation nouvelle pour la plupart des officiers ; et il est particulièrement difficile de savoir exactement quoi faire et comment le faire quand on dispose d'un corps d'hommes non organisé composé de divers éléments provenant de toutes les parties de l'armée britannique.

Notre nouveau train OC a visiblement ressenti les difficultés de sa position et est venu me demander de l'aide.

"Excusez-moi", dit-il, "mais étiez-vous responsable du train hier soir ?"

"Oui, monsieur. Je suis désolé de le dire."

"Eh bien, que faut-il faire ?"

"Rien."

"Eh bien, mais comment maintenir l'ordre ?"

"On ne maintient pas l'ordre. Mais ils m'ont donné une pile d'instructions imprimées, et je ne vois pas comment elles pourraient être exécutées. Comment puis-je maintenir l'ordre dans un train d'un demi-mile de long avec des hommes que je connais ? "Rien à propos?""

Il commençait à s'inquiéter. Je connaissais ce sentiment.

"Voulez-vous un pourboire", dis-je.

"Oui, si tu peux m'en donner un."

"Eh bien, marchez simplement le long du train jusqu'à ce que vous trouviez un compartiment très confortable marqué "train OC". Entrez, verrouillez la porte, baissez les stores et allez dormir. »

"Merci, terriblement. Je pense que je vais suivre ce conseil."

« Au fait, lui ai-je crié, quelle est notre destination ?

"Je n'en ai pas la moindre idée."

"Est-ce que quelqu'un sait?"

"Je ne pense pas."

"Merci énormément."

Le voyage en train s'est déroulé sans incident, à part manger et dormir alternativement, et deux jours plus tard, je me suis présenté au quartier général du bataillon.

Le bataillon était en cantonnement de repos à Saint-Amand ; et j'ai été affecté comme commandant en second de la compagnie B.

Les officiers de la compagnie B étaient sur le point de commencer leur repas de midi lorsque je me suis présenté au mess de la compagnie.

Le capitaine George commandait la compagnie. C'était un type splendide du combattant d'aujourd'hui : jeune, actif et clair, enfantin, mais sérieux. Le capitaine George était fait de bonne qualité et nous sommes devenus amis sur-le-champ.

Les autres officiers de la compagnie étaient le sous-lieutenant Farman, qui venait de recevoir sa commission sur le terrain, le sous-lieutenant Chislehirst et le sous-lieutenant Day.

C'étaient tous des gars splendides, du genre qu'on rencontre et qu'on aime à la fois ; tous aussi enthousiastes que le gingembre quand il y a un travail sérieux à faire ; et quand le travail est fini, ils ont le cœur léger comme des écoliers.

Le désordre consistait en une cuisine délabrée, avec un sol en pierre, et aérée par la méthode simple de vitres brisées et d'une porte retirée des gonds.

Dans ces fermes du nord de la France , c'est purement une question d'opinion de savoir si la ventilation est réellement un avantage ; car, depuis la cour devant la maison, l' odeur des détritus et du fumier de la ferme, entassés en tas devant votre fenêtre, devient très aiguë lorsque le vent souffle dans la mauvaise direction, comme c'est habituellement le cas.

CHAPITRE VIII
PREMIÈRES IMPRESSIONS

BILLETS. UN INCIDENT DE DÉPART. CAMPEMENT DE REPOS

Je n'oublierai jamais le jour où j'ai fait ma première inspection des factures.

En me promenant dans la rue du village, j'ai remarqué une structure qui semblait inviter un souffle de vent parasite à lui faire abandonner sa dernière résistance en s'effondrant en un tas d'ordures.

Il y a bien des années, aux jours de prospérité, il servait de couverture pour le bétail, car je crois que le bétail n'est pas très particulier dans le nord de la France.

Il est tout à fait raisonnable de supposer que, dans le but de donner à son bétail un faux sentiment de sécurité, le fermier ait pu l'appeler une grange. Il n'a jamais été une structure coûteuse et n'a jamais donné la moindre preuve d'une beauté architecturale.

Mais sa simplicité de construction était une merveille d'ingéniosité. Oui, c'était une grange, mais qui, sinon un génie des arts modernes, aurait pensé qu'il était possible de construire ne serait-ce qu'une grange par la méthode simple mais tout aussi économique consistant à ériger un certain nombre d'étais et à simplement coller de la boue entre les deux ?

Mais la stabilité de la grange était, comme on pouvait raisonnablement le supposer, « si le vent et le temps le permettaient », et elle déplorait maintenant avec tristesse les années qui avançaient et attendait anxieusement une prochaine occasion de reposer ses membres fatigués dans un repos bien mérité dans un tas informe au sol qui lui a donné naissance.

Comme c'est très étrange ! Par les nombreux trous dans le mur, j'ai vu des visages familiers, tandis qu'à l'intérieur une vingtaine d'hommes riaient et plaisantaient, jouaient aux cartes ou se prélassaient en tenues amples, comme s'ils jouissaient de la liberté et du confort d'un club du West End.

"Mais que faites-vous ici, les hommes ?" J'ai demandé.

"C'est notre cantonnement, monsieur", répondit un caporal suppléant.

"Votre logement ? Voulez-vous dire que vous dormez ici ?"

"Oui, monsieur, cela a été attribué à la moitié de mon peloton."

"Confortable?"

"Oui, monsieur. Un vrai régal après les tranchées."

"Il y a un peu de courants d'air, n'est-ce pas ?"

"Oui, monsieur ; mais, comme pour tout le reste, il faut s'y habituer."

"Mais ne peux-tu pas trouver un meilleur endroit que celui-ci, et avec plus d'espace ? Vous semblez être presque les uns sur les autres."

"Il n'y a pas d'autre place disponible. Les hommes sont très satisfaits, monsieur."

Je me détournai pensivement. Quels types magnifiques ! Et pourtant, lorsqu'ils étaient dans des logements confortables à Haywards Heath, ou dans des huttes bien construites à Fovant , ils étaient bien plus exigeants ; Lorsqu'ils étaient recrues et passaient leur première nuit dans l'armée, ils envisageaient avec consternation la perspective de dormir sur une paillasse propre dans une maison anglaise moderne et bien construite.

La guerre fait les hommes, et les épreuves engendrent le contenu !

Je passerai sous silence notre vie dans les tranchées de cette partie de la ligne, mais un incident digne d'être rapporté s'est produit alors que nous revenions après cinq jours parmi les rats et la boue des tranchées face au bois de Gommecourt .

Il est d'ailleurs intéressant de voir les hommes quitter les tranchées pour se reposer, car, en plus de leurs sacs, ils transportent de nombreux autres effets personnels pour ajouter à leur confort pendant ces fastidieuses journées de service, et ils émergent avec toutes sortes de paquets curieux et de vêtements supplémentaires attachés ou attachés à leur équipement. Ils étaient recouverts de boue et d'argile avant de quitter les tranchées de la ligne de front, mais le long voyage à travers d'interminables tranchées de communication pour en sortir a accumulé une couche supplémentaire d'argile et de boue à travers leurs vêtements volumineux, jusqu'à ce qu'ils ressemblent à un curieux rassemblement de déplacer des débris .

Mais l'incident dont je viens de parler s'est produit au moment où nous approchions d'un village.

Un ballon d'observation était en train d'être abaissé, mais à moins de cent pieds du sol, il s'est soudainement détaché et a commencé à s'élever rapidement et à dériver vers les lignes allemandes.

Je tenais les hommes et nous regardions, haletants, la tragédie qui allait se dérouler sous nos yeux. Il y avait quelqu'un dans la nacelle du ballon.

Il montait de plus en plus haut. Rien ne pourrait le sauver ! On a alors vu l'occupant se pencher par-dessus bord et jeter une quantité de livres et de papiers.

Il montait toujours et semblait atteindre une grande hauteur avant que la sensation suivante ne nous fasse frémir d'étonnement.

Quelque chose tomba comme une pierre du panier, puis, avec un brusque échec, un parachute s'ouvrit et on vit un homme pendu à celui-ci. Lorsqu'il est tombé, le ballon devait se trouver à plusieurs milliers de pieds dans les airs, et le ballon et le parachute ont continué à dériver vers les lignes allemandes.

Puis un vol de quatre ou cinq avions britanniques s'est envolé et s'est envolé autour du ballon, manifestement déterminés à le détruire.

Pendant que nous regardions, nous avons vu un éclair et une bouffée de fumée ! Une bombe avait touché le ballon, mais ne semblait avoir aucun effet.

L' avion s'est retiré et une minute plus tard, nous avons entendu le grondement des canons anti-aériens.

Le deuxième coup a été un coup sûr, car nous avons vu un éclair de feu traverser le centre , un volume de fumée bleue, puis il s'est déformé au milieu. La flamme se propagea et la fumée bleue augmenta de volume jusqu'à ce que le ballon ressemble à une curieuse masse informe, se tordant, tournant et rétrécissant tandis qu'il tremblait et tombait sur terre ; Pendant ce temps, des regards inquiets étaient également tournés vers le parachute, qui à ce moment-là s'était approché à quelques centaines de pieds environ de la terre.

Les deux armées ont dû assister au spectacle avec un émerveillement silencieux, car aucun coup de feu n'a été tiré sur la silhouette qui tombait depuis les lignes allemandes.

Il était difficile de savoir d'où nous étions et où cela pourrait tomber. D'où je me trouvais, il me semblait qu'il y avait de fortes chances qu'il atteigne le sol dans le No Man's Land.

À mesure qu'il s'approchait de la terre, il commença à se balancer d'avant en arrière avec une violence toujours croissante, pour finalement disparaître derrière un bosquet d'arbres. D'après ce que j'ai pu observer, il ne semblait en aucun cas possible que le parachute ait livré son fret humain en toute sécurité sur terre.

Le lendemain, nous avons commencé une marche de trois jours vers un village situé à environ trente-huit milles de la ligne.

Nous devions être reposés et engraissés pour la Somme.

L'évocation des camps de repos aux hommes du front fait généralement sourire, car s'il y a une chose qui se remarque plus que tout pendant une période de repos, c'est bien le travail acharné qui doit être accompli.

Les longues journées d'entraînement, le travail fatiguant sans fin et le nettoyage incessant des uniformes en lambeaux et des bottes souillées par les tranchées n'ont d'égal que la minutie d'un défilé d'Aldershot.

CHAPITRE IX
DÉPART POUR LA SOMME

CORBIE. VALLÉE HEUREUSE. PASSAGE PAR LES ARMES

Le dimanche 2 septembre, notre soi-disant repos s'est terminé brusquement et nous avons pris le train pour une destination inconnue. Les destinations sont toujours un mystère jusqu'à ce que le train s'arrête brusquement et que des ordres péremptoires soient donnés pour sortir.

La différence entre voyager en tant que civil et voyager en tant que militaire est que dans le premier cas, vous choisissez votre heure de départ ou d'arrivée à une heure qui vous convient ; tandis que dans ce dernier cas, l'heure la plus surnaturelle est sélectionnée pour vous.

Nous sommes arrivés à Corbie à 2 heures du matin. Nous ne savions pas que c'était Corbie à ce moment-là, ni que nous nous en souciions ; et même si nous l'avions su, nous n'aurions guère été plus sages. Pourtant, je dirai ceci à propos de Corbie, qu'il se prononce comme il s'écrit, et cela soulage d'un sentiment de malaise. Car, en règle générale, de quelque façon que vous prononciez les noms d'une ville française, vous trouverez quelqu'un qui a l'air de savoir supérieur, ou qui est doué d'un tour de langue particulier, qui trouvera une prononciation nouvelle.

Cependant, nous sommes descendus sur la ligne. La nuit était noire comme de la poix. Des soldats endormis, aux prises avec leur équipement , descendirent des voitures ; et après de nombreux cris, nous nous mîmes en formation, et la longue colonne s'éloigna lentement dans la nuit.

Je me plaçai à l'arrière de la colonne, me sentant très fatigué et me demandant où trouver un endroit pour dormir. La longue colonne se frayait un chemin à travers les rues étroites et les routes pavées, et semblait peu à peu se fondre en portes mystérieuses sous l'influence directrice des sergents quartier-maîtres.

Ce processus s'est poursuivi jusqu'à ce que je réalise soudain que toute la colonne avait disparu et que je me suis retrouvé seul dans les rues de Corbie à 3 heures du matin sous une pluie battante constante, sans la moindre idée de l'endroit où je me trouvais ni de l'endroit où se trouvait mon cantonnement. J'ai marché un peu plus loin dans la rue, et étant très fatigué, mouillé et somnolent, j'avais presque décidé de rester allongé dans la rue jusqu'au matin, quand je suis tombé sur Farman, Chislehirst et Day en suivant le fidèle sergent quartier-maître jusqu'à un inconnu . billet.

Le logement consistait en une salle de bains située dans l'une des dépendances d'un grand domaine. La porte de la salle de bain était verrouillée et l'eau avait été coupée, mais nous nous sommes précipités par la fenêtre. Le sol était dur, mais nous avions un toit au-dessus de nos têtes, et bientôt nous ronflions tous par terre, presque endormis.

Le lendemain matin , je me suis promené dans le domaine et je me suis retrouvé dans un joli verger. C'était désert. Une abondance de fruits des plus délicieux rencontrait mon regard partout où j'allais. J'errais de long en large, cueillant les pommes et les poires, mordant les fruits et les jetant. Je me sentais comme un mauvais garçon dans un verger ; mais le verger était désert et les fruits allaient se perdre ; alors si je pillais, je me consolais en pensant que j'évitais le gaspillage.

Il était environ une heure et demie de l'après-midi, je venais de m'installer dans un siège confortable sous un pommier et j'avais sorti de ma poche un journal du dimanche ; c'était une chaude journée de septembre et je me sentais paresseux.

J'étais en route pour la Somme. Il y avait un air mystérieux dans cet endroit qui ne semblait pas naturel. Ces beaux jardins étaient déserts, mais le bruit des canons se faisait entendre au loin.

Je m'étais confortablement installé, essayant d'imaginer, à l'aide du journal du dimanche et d'un cigare, que j'étais réellement assis dans mon propre jardin, lorsque j'ai remarqué un homme remplissant sa bouteille d'eau.

"Pourquoi remplis-tu ta bouteille d'eau ?" J'ai demandé.

"Nous avons l'ordre de défiler à 14 heures, de repartir."

"Bon Dieu ! Qui t'a dit ça ?"

"Capitaine Wilkie, monsieur. Les ordres viennent de tomber."

Je n'ai jamais eu une telle bousculade de ma vie. Avec un appétit trop satisfait de pommes ; mon kit s'étalait partout sur le sol ; ma compagnie l'a aidé à un kilomètre et demi de là, dans toutes sortes de trous et de coins, à quitter le village en vingt minutes.

C'est la même chose dans l'armée ; vous vous dites que ce n'est pas possible ; mais c'est fait. Et à deux heures cinq, toute la brigade quittait Corbie et se tournait de nouveau vers la Somme.

Notre destination était la Vallée de la Mort ; mais avant de partir en ligne , nous nous reposâmes quelques jours à Happy Valley. Happy Valley et Death Valley, il y a une touche de sarcasme dans les noms, mais ils sont néanmoins très appropriés.

Happy Valley est un endroit paisible où nous nous asseyions tranquillement l'après-midi en tirant sur nos pipes, en écoutant le bruit des armes à feu ; regardant les éclats d'obus éclater dans les airs à environ trois ou trois milles de là, et remerciant notre bonne étoile de le voir de loin. Mais nous nous reposions. C'était une accalmie avant la tempête, et nous allions bientôt marcher vers la tempête.

La Vallée de la Mort était à cinq kilomètres d'ici, et demain la tempête allait s'abattre sur nous ! Nous réfléchissions : Partout, des hommes écrivaient. Pourquoi mordaient-ils leurs crayons et réfléchissaient-ils si fort ? Le père était un homme occupé. Tout était si calme et mystérieux : on ne plaisantait pas, on ne riait pas, les hommes étaient pensifs et tiraient fort sur leur pipe. Demain, la tempête éclaterait ! Demain! Et après ?

Le lendemain après-midi, après avoir traversé une mer de trous d'obus, nous sommes arrivés à Death Valley et nous nous sommes arrêtés à Trones Wood. Ici, des centaines de nos canons de toutes tailles étaient massés, roue contre roue et rangée après rangée ; et chaque arme était travaillée aussi dur que possible.

Un bombardement avait lieu. Et au milieu de tous ces canons, nous sommes restés retenus pendant deux heures jusqu'à ce que nos tranchées puissent être localisées. La vue était magnifique. C'était impressionnant. La puissance britannique était massée et éructait à cause de sa fureur concentrée.

À mesure que l'obscurité tombait, le rugissement des canons était accentué par l'éclair de la décharge. Nous ne parlions pas, car il était hors de question de parler ; le bruit était trop terrible ; et nous restâmes par terre, réduits au silence par l'émerveillement et la perplexité.

Que se passait-il là-bas, là où tombaient ces obus ? Quel était ce drone qui sifflait loin au-dessus de nos têtes ? C'étaient les gros canons : le 15 pouces, à cinq milles en arrière ; 16 livres, 4,9 pouces, 6 pouces, 9 pouces, 12 pouces et 15 pouces. Des armes par ici, des armes par là, des armes partout ; tous éructations et clignotements ; tous se concentraient dans un effort prodigieux pour semer la confusion dans une partie de la ligne allemande.

Les ouvriers en munitions en Angleterre, et ceux qui devraient être des ouvriers en munitions, viennent ici ; rampez avec nous le long de la lisière du bois de Trones et admirez ce spectacle incroyable. Vous les mineurs, vous les tramwayniers, vous les chaudronniers ! Vous qui jetteriez vos outils et frapperiez, regardez ce spectacle !

C'est la voix de l'Angleterre. C'est l'effort prodigieux qui vous protège. Sur votre droite, cet endroit sombre, effrayant et silencieux, se trouve Trones Wood. Regardez à votre gauche, ces bâtons visibles sur la ligne d'horizon, de l'autre côté de la vallée. Dans ces bois, remués par la terre, gisent les corps pourris de vos camarades, de vos frères, de vos fils. Ils ont tout sacrifié ; ils ont subi des morts incalculables.

Le contraste entre cette voix tonitruante de l'Angleterre et le mystère silencieux de ces bois fait frémir. Faites sortir ces grévistes et laissez-les avoir un aperçu de cela et prendre conscience du danger et des horreurs qui les attendront, ainsi que leurs femmes, leurs enfants, leurs maisons, si ces armes échouent.

Quelle est leur querelle à cela ? Devons-nous arrêter ces armes pour un centime de l'heure ? Allons-nous laisser sans protection ces hommes désespérés de l'autre côté de la vallée, qui s'accrochent bec et ongles aux dernières tranchées conquises ? Devons-nous faire ces choses pour un centime de l'heure ? Allons-nous faire ces choses pour pouvoir défendre ces soi-disant droits en Angleterre ?

Non! Il faut exploiter nos mines ; nos chaudières doivent être fabriquées ; et nos machines à munitions doivent fonctionner au maximum de leur capacité, sinon nous sommes des traîtres envers ces armes et nos combattants ; nos frères, nos propres fils, qui dépendent de la puissance de l'Angleterre pour la victoire et leur vie.

Jetez vos outils, ralentissez vos machines, et High Wood et Trones Wood deviendront encore plus noirs avec les corps mutilés d'un millier d'hommes. Un centime de l'heure ! Vous qui êtes choyés sous la protection de ces armes, quel est votre reproche à cela ?

Si ces gens désespérés de l'autre côté de la colline abandonnaient leur travail, ils seraient traités de traîtres. Pourtant, lorsque des hommes en Angleterre, dont dépendent ces combattants et dont le travail est tout aussi nécessaire au succès de la guerre, jettent leurs outils, ils ne sont appelés que des grévistes.

Le crime est le même ; la punition devrait être la même.

CHAPITRE X
ARRIVÉE SUR LA SOMME

NOURRIR LES ARMES. SEPTIMUS D'ARCY ARRIVE. UN KIT CURIEUX

Tard dans la soirée, l'ordre arriva d'avancer dans les tranchées situées sur le versant le plus éloigné de la Vallée de la Mort. Des tranchées par ci, des tranchées par là, des tranchées partout, pendant que nous tâtonnions sans savoir où aboutissaient les tranchées, ni la position des lignes allemandes.

Nous avons passé une nuit anxieuse, l'incertitude de notre position et le mystère de ces canons massés, déversant leur colère dans l'obscurité de la nuit, provoquant une tension qui défiait toute envie de dormir.

Quel était le sens de tout cela ? Que se passait-il là-bas, là où le fer de la colère anglaise tombait, éclatait, déchirait, tuait ? Que se passait-il là-bas ? Recevrons-nous une réponse similaire ? Les signes étaient significatifs : nous étions enfin sur la Somme ; nous y étions avec vengeance.

Le lendemain matin, le soleil brillait et nous trouvions toujours éveillés, les yeux scrutant anxieusement à travers la brume montante. Nous n'étions évidemment pas en première ligne, mais nous étions là sur la Somme ; et cette mer de trous d'obus qui nous entourait partout racontait sa propre histoire de ce qui avait été et de ce qui allait être.

Vers 11 heures, tous les regards étaient tournés vers High Wood, sur la crête de la colline à gauche. Une rafale d'obus provenant des canons ennemis indiqua qu'une cible avait été trouvée. Nous avons regardé, et bientôt nous avons pu apercevoir à peine une colonne se déplaçant lentement le long de la route à travers la forêt.

Trois wagons de munitions se dirigeaient lentement vers nos canons. Accident! Un 5,9 tombe devant les chevaux de tête ; un nuage de fumée noire et dense s'éleva et masqua l'image. La fumée se dissipa et la petite colonne avançait toujours lentement, sans être dérangée et indifférente. Accident! Accident! Deux autres obus éclatèrent à côté du deuxième wagon ; la fumée s'est dissipée ; les chevaux étaient démarrés et donnaient du mal, mais une fois de plus la petite colonne provocante avançait lentement, indifférente et non consternée.

Nous continuâmes à observer la courageuse petite colonne, tantôt masquée par la fumée noire des obus qui éclataient, tantôt émergeant de la fumée, insouciante du danger.

Ces hommes étaient humains. Comment ont-ils pu le supporter avec une indifférence aussi calme et déterminée ? La réponse était les armes : les armes doivent être nourries ; et le courage et la discipline britanniques étaient invincibles. L'armée est merveilleuse.

A ce moment je reçois un message m'appelant au quartier général, et je suis immédiatement allé chercher mon commandant.

"Eh bien, tu t'es bien reposé ?" Il a demandé.

"Pas grand chose, monsieur."

"Des trucs et des bêtises ; sortez votre carte."

J'étalai ma carte sur mes genoux et sortis un cahier de ma poche.

Le commandant pointait sur la carte avec son crayon :

"Nous sommes ici ; le... Régiment est là."

« Première ligne, monsieur ? »

« Juste en première ligne. »

« À quoi ressemblent les tranchées, monsieur ?

" Pas le temps de creuser des tranchées ; ils s'accrochent à quelques trous d'obus, bien qu'ils les aient peut-être déjà reliés. Voyez, il y a Combles, et là, c'est le bois de Leuze. Nous serons à l'extrême droite de l'armée britannique. La compagnie B sera à droite, la compagnie C au centre et la compagnie A à gauche avec la compagnie D en soutien. Le quartier général sera proche de la ferme Falfemont .

"Tres bien Monsieur."

"Vous ne trouverez plus aucune ferme ; elle a été réduite en poussière. Les hommes doivent partir en ordre de bataille ; les meutes doivent être garées juste à l'extérieur d'ici, par compagnies. Le peloton n°5 partira à 19 heures, le reste suivra dans succession à cinquante mètres d'intervalle.

J'ai compris et je me suis retourné pour partir.

"Au fait, je ne suis pas sûr si les Allemands sont dans cette tranchée ou dans le... Bataillon, London Regiment. De toute façon, c'est là que nous devons être ce soir."

Une demi-heure plus tard, les hommes disposaient leurs sacs en longues rangées, par compagnies. Étrange spectacle, tous ces paquets disposés en rangées bien rangées. La raison n'avait pas besoin d'explication. Il y avait du travail à l'autre bout de cette Vallée de la Mort ; là se trouvait le gouffre de la

Grande Aventure. Peut-être devrions-nous examiner la question ce soir ; mais combien reviendraient réclamer leurs packs.

Nous sommes dans la soupe en force ! Eh bien, qui s'en soucie ?

En début d'après-midi, je suis allé à ma pirogue et j'essayais juste de me reposer un peu, quand j'ai été dérangé par une voix extérieure, qui me semblait étrangement familière.

"Sergent, excusez-moi, mais est-ce le trou bestial où se trouve la Compagnie B ?"

"Oui, monsieur, c'est la ligne de la société B."

" 'Sur ma parole, endroit extraordinaire ! Il faisait chaud ; j'ai parcouru près de huit kilomètres. Où est le capitaine ?"

"Dans sa pirogue, monsieur, près de ce trou d'obus."

« Je dois lui faire un rapport ; veux-tu lui dire que je suis là ?

« Ne feriez-vous pas mieux d'aller le voir, monsieur ?

"Oh ! Est-ce que c'est la chose à faire ?"

A ce moment, ne pouvant retenir ma curiosité, je sortis de ma pirogue, et là, bien sûr, il n'y avait autre que l'irrésistible dessin de Bond Street, Septimus D'Arcy, par tout ce qu'il avait de merveilleux !

Il était là, avec son monocle rivé à l'œil droit, entre le froncement de ses sourcils et la graisse potelée de sa joue, avec l'expression ennuyée de quelqu'un qui ne voit pas la raison de la nécessité de la fatigue qui provoquait les indignes gouttes de transpiration. à assembler sur un visage par ailleurs imperturbable. Une paire de gants de chevreau, boutonnés ensemble, pendait à la ceinture de son Sam Brown, et quatre pouces d'un mouchoir en soie à bordure bleue pendaient à sa manche. En s'approchant, il portait à moitié sur son bras et à moitié traîné sur le sol le fardeau qu'on appelait son ordre de marche complet.

"Bonjour, Septimus !" Dis-je alors qu'il arrivait en traînant ses affaires derrière lui.

"Ah ! Bonjour ! Eh bien, je suis condamné ! Je ne m'attendais pas à vous trouver ici ; terriblement heureux de vous revoir."

"Que faites-vous ici?"

"On me le rappellera si je le sais ! Un endroit inintéressant, ça… quoi ?"

"Eh bien, pourquoi es-tu venu ici ?"

"Rien de grand-chose. J'ai vu un type dans cette grande pirogue dans la vallée, et il m'a dit de te rendre compte. Le fait est que, tu sais, tu es attaché à moi, ou je suis attaché à toi, ou quelque chose comme ça. trier."

"Eh bien, tu n'es pas au Havre maintenant ; il y a des tireurs d'élite dans le coin, et si tu restes là-haut comme ça, tu vas être touché."

"Tu ne veux pas dire cela ; cela semble parfaitement sûr."

"Eh bien, descends et ne sois pas idiot."

Il est descendu prudemment dans la tranchée, laissant son équipement derrière lui, espérant probablement qu'il se perdrait, et nous sommes entrés dans l'abri.

"Je dois vous le dire, capitaine, je suis horriblement fatigué. J'ai traversé les canons; c'est très intéressant et tout ça, mais ça me fait mal à la tête."

"Prends de l'eau. C'est plutôt boueux, mais c'est mieux que rien de nos jours."

"Non, merci ; le médecin m'a mis en garde contre la consommation d'eau sale ; la dysenterie et tout ça, vous ne savez pas. Du whisky et du soda ?"

"Regarde ici, Septimus, maintenant tu es là, tu dois laisser tomber ces absurdités."

"Très bien, mon vieux. Je doutais un peu du soda, mais Dieu merci, j'ai une gourde, une sorte de ration de secours. Servez-vous et buvons-le pur."

"Depuis combien de temps es-tu dans l'armée, Septimus ?"

"Trois mois. Pourquoi ?"

"J'aime ça?"

"Pas mal. Saluer semble un peu absurde, mais cela semble plaire à quelqu'un. J'avais très envie de sortir, je pensais que ce serait intéressant et tout ce genre de choses. Mais jusqu'à présent, je n'ai rien eu d'autre à faire que de me déplacer d'un endroit à l'autre. , portant une charge bestiale avec moi.

"Probablement de votre faute. Je n'ai jamais vu un sac ou une musette aussi rempli. Qu'avez-vous apporté avec vous ?"

« Le nécessaire ; mais pas la moitié de ce dont j'aurai besoin. Mon kit est-il arrivé ? »

"Mon cher, vous ne verrez jamais votre équipement ici ; et de plus, vous devrez laisser derrière vous la plupart de ces affaires que vous avez emportées avec vous, avant de remonter la ligne de front. Jetez vos affaires ici, et Je vais vous dire quoi prendre.

Nous avons vidé son sac et sa musette. Je n'ai jamais vu autant de déchets dans l'équipement de guerre d'un soldat. Il ne semblait y avoir là rien dont il aurait vraiment besoin ; mais un curieux mélange d'articles étranges qui rempliraient un bazar chic. Il y avait des brosses à cheveux au dos d'ébène et aux monogrammes d'argent, des mouchoirs de soie aux bordures fantaisie, un dentifrice rose qui suintait d'un tube de plomb ; et écrasé entre un peigne et une paire de chaussettes de soie, une grande bouteille de dentifrice rougeâtre, suffisante pour lui durer trois ans ; et dont la moitié avait coulé à travers le bouchon, détruisant une douzaine de mouchoirs en soie, tachetés et bordés de nuances fantaisistes. Il y avait une boîte de cigares, un gros pot de crème de massage en porcelaine , un pot de pommade pour cheveux, un écritoire en cuir, un grand miroir à dos d'ivoire qui avait perdu à jamais son utilité , une bouteille de stylo-plume. de l'encre, deux pyjamas en soie, l'un rayé de rose et l'autre de bleu, une immense serviette de bain, une trousse contenant sept rasoirs, un pour chaque jour de la semaine, et une éponge grosse comme sa tête. Pauvre Septimus ! dans sa simplicité et son ignorance, pour la première fois de sa vie, il avait préparé son propre kit.

CHAPITRE XI
VALLÉE DE LA MORT

DÉPLACEMENT SUR LES CHAMPS DE BATAILLE. ——
BATAILLON, RÉGIMENT DE LONDRES, EN POSSESSION.
LA TRANCHÉE MYSTÈRE. FERME FALFEMONT

Les derniers préparatifs terminés, le premier peloton commença à s'ébranler ; d'autres pelotons suivirent à intervalles réguliers, la colonne se frayant lentement un chemin à travers la Vallée de la Mort vers sa destination mystérieuse.

Nous semblions aller vers l'inconnu ; l'air était plein de mystère ; c'était étrange, contre nature. Nous traversions des champs de bataille. Le sol était un amas de trous d'obus ; on ne pouvait progresser qu'en marchant en file indienne le long d'un sentier étroit, qui serpentait avec une persistance tortueuse entre les trous d'obus, provoquant d'innombrables arrêts et départs, jusqu'à ce que la colonne se transforme en une ligne interminable de silhouettes sombres.

Ici et là, les hommes se perdaient dans quelque cavité criblée de fusils ; tandis que là encore, ils apparaissaient se profilant sur le ciel éclairé par la lune, homme par homme, ils apparaissaient et disparaissaient au-dessus d'une élévation du sol.

Ceux qui étaient tombés dans la lutte désespérée de la semaine précédente n'étaient pas encore enterrés. Amis et ennemis partageaient l'abri des cieux, s'accrochant au sol de France dans les agonies de la mort. Il y a des moments où la vue de la mort excuse le pas frémissant et le sanglot irrépressible du cœur de ceux qui bravent un sort similaire.

La Vallée de la Mort était un tombeau silencieux de la colère des nations, cette longue et sinueuse Vallée de la Mort, où les corps des amis et des ennemis gisaient côte à côte ou se serraient dans une étreinte désespérée, marquait la ligne où la fureur des nations se retrouvait. son expression, comme la cicatrice de la vengeance d'un diable.

En regardant les corps des morts, tordus et mutilés, sans membres et déchirés, certains à moitié ensevelis dans les débris – çà et là couchés en deux dans des positions contre nature, tandis que d'autres encore semblaient s'agripper à quelque blessure mortelle – je me sentais comme un homme. qui marche craintivement dans le vortex de l'enfer de Dante. Oui, c'était l'enfer du diable, mais un enfer bien plus épouvantable que je ne l'avais jamais imaginé.

Après une marche fatigante et décourageante, nous avons trouvé l'endroit que nous devions occuper et, à notre immense soulagement, le ——— Battalion, London Regiment, en était en possession.

Après les formalités habituelles de relève et de prise en charge de la ligne de trous d'obus qui marquaient la position, je m'arrêtai pour un dernier mot avec l'un des... officiers :

"Combien de victimes ?" J'ai demandé.

« Une cinquantaine en deux jours, c'est un peu dur, hein ?

« A été attaqué, alors ? »

"Non; décortiqué comme Billyho . Ils ont bien la portée."

"Où est le Boche ?"

"Je ne sais pas trop ; quelque part devant. A environ huit cents mètres il y a une tranchée qui forme trois côtés d'un carré, chaque côté environ trois cents mètres, le côté ouvert reposant sur le bois de Leuze, et l'extrémité inférieure s'étendant dans le bois."

"Fritz là-bas ?"

" Dans la partie haute, oui ; mais la partie basse est un peu mystérieuse. La partie qui s'étend dans le bois que tient le... Régiment ; mais le reste semble être détenu par les Boche. Du moins, c'est ce que je pense. réfléchissez. Position inconfortable ! Eh bien, bravo oh !

Après une nuit blanche, j'attendais avec impatience que la brume montante prenne une vue sur mes environs. Là, à droite, un haut plateau, avec une falaise abrupte dominant la ville de Combles, émergeait lentement, maison par maison, de la brume montante.

Dans la tranchée, l'homme de droite de ma compagnie serrait vigoureusement la main d'un soldat français qui marquait la gauche de l'armée française.

Là, droit devant, on apercevait à peine la tranchée formée en forme de carré, et à gauche le bois de Leuze. Mais qu'étaient ces étranges souches à gauche de nos tranchées ? Ils ressemblaient aux restes d'un bosquet qui aurait été bombardé jusqu'à ce qu'il ne reste plus que quelques souches d'arbres. Et où était la ferme Falfemont ? Il n'y en avait aucune trace nulle part. Je n'étais pas sûr de ma position sur la carte ; c'était déroutant.

J'allai consulter l'officier français à ma droite :

"Bonjour, monsieur", dis-je en m'approchant d'un jeune officier intelligent.

"Ah ! Bonjour ; vous avez déjà relevé le... Bataillon, London Regiment, oui ?"

"Oui, hier soir. Je suis venu vous demander ce que sont ces souches là-bas ; elles ne sont pas marquées sur la carte. Le savez-vous par hasard ?"

" Ah ! Oui ; c'est la Ferme Falfemont . Il ne reste plus rien maintenant ; très mauvais endroit cette ferme. On peut dire qu'une brigade entière d'infanterie a été perdue dans l'assaut de cette ferme. Oui, sale endroit, cette ferme, M. le Capitaine. "

Je suis retourné à ma tranchée. Je n'ai pas aimé l'aspect des choses. Si la ferme Falfemont était réduite en miettes comme ça, quelle chance avais-je ? Ouf! J'étais en train de lever le vent.

CHAPITRE XII
DANS NO MAN'S Land

DES COMMANDES SOUDAINES. LE DÉBUT D'UNE GRANDE AVENTURE. CREUSER

Après une dure journée de travail, pendant laquelle je n'avais que le temps de prendre une bouchée de pain et de fromage que je portais dans ma poche, j'aperçus un infirmier qui s'avançait vers moi.

"Le commandant m'a envoyé, monsieur ; vous êtes recherché immédiatement."

"Oh ! des nouvelles ?"

"Je pense que nous allons nous gaver, monsieur."

« Quel est le chemin vers le quartier général ?

"En arrière d'environ deux cents mètres. Suivez ce petit chemin étroit qui serpente autour des trous d'obus, vous ne pouvez pas le manquer. Ne quittez pas le chemin, vous vous perdrez."

En arrivant au QG, j'ai trouvé un petit groupe d'officiers penchés anxieusement sur une carte. Le commandant se tourna vers moi alors que je m'approchais :

" Ah ! vous y êtes. Sortez vos livres et notez vos commandes, prêts ! Vous allez prendre le commandement de la compagnie B. Eh bien, maintenant, voici notre position ; il y a Combles et il y a le bois de Leuze. Emmenez votre compagnie dans " No Man's Land' et étendez-vous le long d'une ligne faisant face à moitié à droite jusqu'à notre position actuelle, avec votre gauche appuyée sur le bois. La compagnie C sera dans le bois sur votre gauche, et la compagnie A sera sur votre droite, compris ?

"Oui Monsieur."

" Vous creuserez ce soir, et demain nous prendrons cette tranchée qui forme un carré, pour préparer la voie à une attaque frontale des Français sur Combles. Vous prendrez la partie supérieure de cette tranchée perpendiculaire. , en passant le bois sur votre gauche."

« Alors, je devrai traverser la tranchée inférieure ; n'est-ce pas occupé, monsieur ?

"Les bombardiers du bataillon vont nettoyer ça pour vous pendant la nuit."

"Quand est- il zéro heure , monsieur ?"

"Je ne sais pas ; je vous ai dit tout ce que je savais pour le moment. Prenez dix fusées éclairantes, et envoyez-en deux lorsque vous arrivez à votre objectif, et envoyez-en deux autres à 6 heures le lendemain matin."

"Et les munitions et l'eau, monsieur ?"

" L'eau que vous avez déjà est censée durer quarante-huit heures. Je ne sais pas pour les munitions ; je pense qu'il y a une décharge de munitions dans le bois, mais je vais le découvrir et je vous le dirai. D'accord, c'est il fait assez sombre maintenant. »

Chut !—Crash !—Train ! Un 5,9 éclate sur le parapet à quelques mètres de là. Un bruit sourd se fit sentir parmi nous, et le sergent-major se leva d'un bond en se tenant le pied. Le commandant leva la tête sans broncher :

"Quelqu'un a-t-il été blessé ?" Il a demandé.

"Seulement mes bottes, monsieur", répondit le sergent-major en tâtant son talon avec méfiance.

Je partis et me mis à tâtonner dans l'obscurité à la recherche du chemin étroit qui me ramènerait à ma compagnie. J'ai cherché pendant une dizaine de minutes, mais en vain, et je suis resté pendant un moment désespérément perdu dans un amas de trous d'obus. Je connaissais à peu près la direction, mais la direction était de peu d'utilité dans cette confusion sauvage de terrain accidenté et de débris .

Et si je me perdais toute la nuit ? Que penseraient-ils ? Ce serait du funk. Une sueur froide m'envahit. J'ai ressenti un immense sentiment de solitude au milieu de cette horrible scène de destruction ; et pour couronner le tout, un sentiment de responsabilité et d'anxiété qui faisait paraître les cratères plus profonds alors que je sortais frénétiquement de l'un et de l'autre. Enfin, à mon grand soulagement, j'ai trouvé le petit sentier et j'ai atteint ma tranchée en toute sécurité.

Le temps passait. J'ai donné l'ordre aux hommes de s'habiller et de s'allonger sur les parados, prêts à entendre la parole. Lorsque tous les préparatifs furent terminés et que des bombes, des pioches et des pelles furent distribuées à chaque homme, je signalai l'avance, et avec quelques éclaireurs devant et sur les flancs, nous nous déplacions lentement en file indienne vers l'inconnu.

C'était une nuit noire, intensifiée par un léger brouillard, et j'ai pris ma direction au compas, me demandant tout le temps si cela me mènerait à droite.

Les hommes marchaient en silence. On n'entendait rien d'autre que des pas étouffés sur le sol mou et le tintement occasionnel d'une pelle ou d'une pioche contre la crosse d'un fusil.

La distance devenait exagérée, et cinquante pas semblaient être cinq cents, jusqu'à ce que je commence à avoir une horrible peur que ma boussole ne m'ait induit en erreur et que d'innombrables yeux allemands me regardaient conduire mes hommes au milieu de leurs canons. Où allions-nous ? Quand reviendrons-nous et combien d'entre nous ? Appelez ça funk ou comme vous voulez, mais quoi que ce soit, c'est un sentiment diaboliquement effrayant ; et quand enfin je me trouvai près de la lisière du bois, j'eus l'impression d'arriver chez moi.

Mais le véritable travail n'avait pas encore commencé. J'ai signalé l'arrêt à la file de tête et j'ai fait passer le mot de tourner à droite, de faire deux pas vers la droite et de m'allonger. J'ai ensuite ordonné qu'un groupe de sentinelles, composé d'une section, soit envoyé par chaque peloton pour occuper les trous d'obus à cinquante mètres en avant pour se protéger contre la surprise.

Le peloton de gauche devait plier son flanc pour faire face à la lisière du bois et entrer en contact avec la compagnie C dans le bois ; tandis que le peloton de droite assurait la connexion avec la compagnie A. Une section de canons Lewis prenait position sur le flanc gauche, à l'angle du bois, tandis que l'autre canon Lewis protégeait ma droite.

Ces précautions contre la surprise étant terminées, j'ordonnai aux hommes de creuser de tout ce qu'ils valaient ; les fusils à baïonnette fixées et les chargeurs chargés étaient placés à portée de main au fond de la tranchée, la terre étant jetée devant jusqu'à ce que le parapet devienne à l'épreuve des balles.

J'ai repéré un homme appuyé sur sa pelle et regardant d'un air absent dans l'obscurité.

"Creuse, mec ! Ne reste pas à regarder autour de toi," murmurai-je d'une voix rauque.

"Le sol est dur, monsieur ; tout est de la craie ici."

"Ne soyez pas idiot ! Creusez ! Je vous dis que nous pourrions être découverts d'une minute à l'autre. Si nous sommes bombardés , vous serez assez content d'avoir un trou où vous allonger."

En passant le long de la ligne, j'ai entendu deux hommes parler à voix basse :

"Comment tu trouves ça, Timmy ?"

"Ravi jusqu'aux dents. C'est très bien pour le capitaine de dire : 'Creuse comme l'enfer !' - Cela semble assez calme ici."

"Vous avez entendu parler de Bill ? Nous sommes devenus doux juste après le départ. Il a commencé par rire et pleurer ; il était fou comme un chapelier.

Il a failli nous mettre le vent à l'arrière. Le skipper l'a renvoyé avec quelques brancardiers. ".

"Pauvre vieux Bill, pas de chance. Je pensais qu'il ne pouvait pas supporter grand-chose. Tu as de l'eau ?"

"Pas une goutte, je suis sec comme une brique."

"Tais-toi, il y a le capitaine qui est là."

La conversation s'arrêta ; mais cette dernière partie ne m'inquiétait pas peu. Bouteille d'eau vide, bon Dieu ! et plus d'eau pendant quarante-huit heures.

Tout d'un coup, le ciel s'est illuminé. Une demi-douzaine de lumières Very se sont allumées en succession rapide : nous avons été découverts !

Un instant ou deux plus tard, trois feux rouges et un feu vert se sont levés de deux points différents, tombant dans notre direction. Chaque homme arrêta son travail et leva les yeux avec étonnement. Nous y étions; nous ne voulions pas le dire.

"Creuse comme l'enfer!" Murmurai-je d'une voix rauque, me précipitant le long de la file d'hommes étonnés.

Mais cette fois, ils ne manquèrent pas de pression et chacun se mit au travail avec une énergie fébrile.

Puis le bombardement commença et, en quelques minutes, l'air fut rempli d'obus sifflants, hurlant dans la nuit et rendant l'obscurité hideuse.

Nous n'étions qu'à un pied sous la surface du sol. Une fois de plus , je me précipitai vers la ligne :

"Creuse comme l'enfer!"

Les lumières s'allumaient en succession rapide, et la ligne allemande d'où elles venaient apparaissait à seulement quelques centaines de mètres devant moi et semblait former un demi-cercle autour de mon flanc gauche.

Claquement! Claquement! Claquement! Qu'est-ce que c'était ? Des fusils ! Mes groupes de sentinelles tiraient. Encore un bruit de fusils, cette fois tout le long de la ligne des groupes de sentinelles.

"Se lever!"

Chacun saisit son fusil et s'accroupit dans la fosse qu'il avait creusée et se tourna vers lui. Nous attendions : le bombardement avait cessé, et le bruit des fusils troublait seul la nuit.

J'ai sorti mon revolver et j'ai attendu, haletant, la soudaine ruée qui semblait imminente.

Nos préparatifs allaient-ils être tués dans l'œuf, après tout ? Serait-ce une précipitation soudaine ? un corps à corps désespéré ? – et alors, et alors ?

Les minutes passèrent comme des heures dans un suspense angoissant, puis, incapable de supporter la tension plus longtemps, je m'avançai prudemment dans l'obscurité d'encre vers l'un des groupes de sentinelles pour découvrir ce qui n'allait pas.

"Arrêtez ! Qui est là ?"

"OC, Compagnie B."

"Avance!"

"Quoi de neuf?" Ai-je demandé en me glissant dans le trou d'obus à côté du caporal.

"Il semblait y avoir une patrouille qui se déplaçait devant ; tout est calme maintenant, monsieur."

"Très bien ; doublez les sentinelles pour la prochaine heure."

Je suis revenu à la ligne et j'ai ordonné aux hommes de continuer à creuser.

Les bombardements ont continué, mais peu à peu nous avons commencé à nous habituer au vacarme. Plusieurs victimes ont eu lieu ; mais le travail de creusement continuait néanmoins.

Le temps passait et je devais planifier l'attaque de demain.

Quelques minutes plus tard, j'ai remarqué par hasard une silhouette assise tranquillement dans un trou d'obus.

"Pourquoi, Septimus, c'est toi ?"

"Je le pense ; je dis, je le pense. Une querelle surnaturelle ; un endroit diaboliquement dangereux, ce… quoi ?"

"Mais qu'est-ce que tu fais là-dedans ?"

"Je venais justement vous parler de munitions. Un obus a éclaté et mon visage est tout simplement couvert de poussière. Les munitions sont-elles déjà arrivées ?"

"Non, il y a une décharge de munitions quelque part dans le bois."

"Tu veux que j'aille le trouver ?"

Je l'ai regardé avec étonnement. Ce n'était pas du tout funk qui l'avait poussé à chercher refuge dans ce trou d'obus. Était-il possible que ce cher vieux Septimus, ce vieux truc fade, indifférent et blasé de Bond Street, ait hâte d'entrer dans ce bois effrayant et mystérieux pour chercher des munitions ?

" Très bien ; prenez un caporal et 12 hommes, et rapportez six caisses. Ne prenez pas de risques inutiles ; nous aurons besoin de tout le monde demain. "

Septimus sauta hors du trou d'obus, salua de la manière la plus correcte — chose tout à fait nouvelle pour lui — et disparut dans l'obscurité.

C'était là une nouvelle facette du caractère de Septimus qui ne s'était pas manifestée auparavant. Seul le cœur le plus vaillant aurait choisi de se promener dans ce bois à minuit, avec des patrouilles ennemies qui rôdaient. Septimus était un homme, après tout.

Cinq minutes plus tard, il me dépassait, menant ses hommes. Il m'a attrapé la main en passant, avec la remarque : "Eh bien ! Ta-ta, vieille chose."

"Bravo oh!"

Et Septimus était parti. Nous pouvons appeler les hommes des idiots, de simples imbéciles vacants, ou tout ce que nous voulons ; mais la guerre a prouvé à maintes reprises que l'homme intérieur de l'homme est simplement déguisé par son enveloppe extérieure. De nombreux Algy de Bond Street, ou idoles des salles de bal, ont prouvé, au milieu des terreurs de la guerre, que l'apparence artificielle d'une habitude de temps de paix n'est que superficielle ; et le vrai homme est en dessous.

CHAPITRE XIII
UNE NUIT D'ALARME

SEPTIMUS DANS UN NOUVEAU RÔLE. SAUVER LES MUNIONS. LA DERNIÈRE CARTOUCHE

À ce moment-là, un mouvement derrière moi attira mon attention. Plusieurs hommes approchaient ; puis s'arrêtant, ils s'assirent par terre, tandis que deux silhouettes continuaient vers moi.

Il s'agissait du sous-lieutenant Wade, l'intrépide officier éclaireur, et du sous-lieutenant Brady, commandant les bombardiers du bataillon. C'est Brady qui a parlé le premier :

"Bonjour ! Vous êtes plutôt pimenté, n'est-ce pas ?"

"Plutôt animé ! Où vas-tu ?"

" J'ai l'ordre de bombarder cette tranchée mystérieuse dont vous avez tant entendu parler, afin de dégager la voie pour votre attaque de demain. Je vais devant votre ligne et à la lisière du bois. "

J'envoyai un coureur pour avertir les groupes de sentinelles, et bientôt le petit groupe de bombardiers disparut à la lisière du bois dans l'obscurité pour leur course aventureuse, dont le succès signifierait tant pour moi le lendemain .

Pendant tout ce temps, le travail de creusement se poursuit avec une anxiété toujours aussi vive, les obus tombant sans cesse.

Tout d'un coup , je fus frappé par un bruit de mousqueterie en direction du bois. Il y eut un silence ; puis plusieurs autres coups de feu suivis d'un bruit précipité et déchirant et de cris.

Presque au même instant, le groupe de munitions sortit du bois, essoufflé.

J'ai couru vers l'endroit où les hommes laissaient tomber les caisses de munitions par terre et je suis tombé épuisé. Pendant un moment ou deux, ils furent trop essoufflés pour parler. J'ai compté les hommes : ils étaient 12, et les six caisses de munitions étaient arrivées à bon port.

Mais où étaient Septimus et le caporal ? Tout était silencieux dans le bois. Je me tournai vers l'homme le plus proche qui était à ce moment-là assis, tenant sa tête dans ses mains.

« Où sont M. D'Arcy et le caporal Brown ? J'ai demandé.

"Dieu sait, monsieur ! Ils sont restés pour couvrir notre retraite."

"Ce qui s'est passé?"

"Nous avons trouvé le dépôt de munitions, monsieur, et nous commencions tout juste à déplacer les caisses lorsque nous avons entendu quelqu'un bouger. Nous avons attrapé nos fusils et avons attendu. Il semblait y en avoir un bon nombre qui rampaient autour de nous. M. D'Arcy nous a ordonné de retirez-vous immédiatement et récupérez les munitions à tout prix ; il a dit qu'il resterait derrière et couvrirait notre retraite, et le caporal Brown a proposé de rester avec lui. Nous n'étions pas loin, monsieur, lorsqu'ils ont ouvert le feu ; les balles ont atteint le arbres et sifflait au-dessus de nos têtes. Puis nous avons entendu une ruée et des cris. J'ai entendu distinctement quelque chose en allemand, et la voix de M. D'Arcy criait en réponse : « Au diable Kamarade ! Puis il y a eu une bagarre, c'est tout ce que je sais."

Mon cœur battait à tout rompre en écoutant cette histoire. Bon dieu! que signifiait ce silence ? Il n'y avait plus de temps à perdre.

J'ai ordonné une équipe de secours et j'ai ouvert la voie dans le bois. Il n'y avait aucun bruit alors que nous avancions à quatre pattes vers l'endroit où les munitions avaient été trouvées.

Ca c'était quoi? Nous avons écouté à bout de souffle, et à nouveau nous avons entendu un faible gémissement presque parmi nous. Il y avait un trou d'obus juste devant, et, rampant à quatre pattes, je trouvai Septimus d'Arcy, blessé et impuissant, la jambe gauche presque arrachée et saignant de la tête.

« Quoi de neuf, D'Arcy ? Que s'est-il passé ? Murmurai-je fort.

Un léger sourire de reconnaissance apparut sur son visage pâle alors que je le soutenais dans mes bras. Ses paroles sont venues douloureusement :

« Les munitions… sont-elles… sûres ?

"Oui, tout à fait en sécurité."

"Mais que s'est-il passé après leur départ ?"

"Je suis resté sur place - avec le caporal - pour protéger leur retraite. Nous avons ouvert le feu rapide - pour attirer le feu allemand sur nous. J'en ai vu six avancer en rampant. Ils nous ont appelés - de nous rendre. J'ai refusé - de les attaquer ! Ils ont lancé des bombes . - j'ai tué le caporal - des chiens sales ! je m'ai fracassé la jambe - pas grand-chose. J'en ai abattu trois - avec mon revolver - je n'avais jamais utilisé un truc bestial auparavant ; deux boulonnés - le dernier m'a sauté dessus - avec une baïonnette. C'est lui là - je viens de l'avoir - dernière cartouche."

Septimus était lourdement allongé sur mes bras. On ne pouvait rien faire pour lui ; J'ai vu que la fin était proche.

"Au revoir, capitaine ! Je savais que vous viendriez. Je ne connais pas grand-chose au métier de soldat... bon sport ; je n'aurai plus à porter ce... sacré sac."

Un sourire placide apparut sur son visage potelé alors qu'il prononçait les derniers mots. Son monocle était toujours fermement fixé entre sa grosse joue et son sourcil. Une fois de plus, il semblait indifférent à son environnement.

Devant lui, preuve silencieuse de sa courageuse position, se trouvaient les cadavres de quatre Allemands. A ses côtés se trouvait un revolver. J'ai ramassé et examiné la chambre ; la dernière cartouche avait été tirée !

Les hommes s'étaient rassemblés ; Leurs casquettes étaient enlevées et Septimus semblait regarder leurs visages en souriant.

Septimus était mort ! Mais Septimus était silencieux dans Bond Street !

CHAPITRE XIV
LE MATIN PROCHAIN

UN CONSEIL DE GUERRE. ORDRES D'OPÉRATION. UNE AMER DÉCEPTION

Trois heures du matin, les tirs d'obus intensifs continuent. Je viens d'ordonner aux hommes d'arrêter le travail et de se reposer. La tranchée a environ deux pieds de profondeur ; les hommes sont morts.

4 heures du matin Je viens de recevoir trois pages d'ordres d'opération. Nous devons attaquer à 16 h 45 de quatre manières, en partant des tranchées que nous avons creusées et en avançant en diagonale depuis le coin du bois à travers la plaine ; en passant par la tranchée mystérieuse et en empruntant la tranchée centrale.

Je n'ai pour l'instant qu'une vague idée de l'endroit où cela se trouve. J'espère ardemment que les bombardiers du bataillon auront résolu la mystérieuse tranchée et l'auront dégagée. Pas de nouvelles d'eux pour l'instant. Dieu sait ce qui s'est passé là-bas pendant la nuit.

5 heures du matin. Je viens de tenir un conseil de guerre avec mes officiers et sous-officiers et j'ai expliqué en détail mes plans pour l'attaque. Spectacle très impressionnant, les voir tous accroupis autour de moi dans un trou d'obus, les obus éclatant autour de nous, pendant qu'ils écoutaient attentivement mes ordres.

« Chaque officier doit porter ses papiers dans la poche inférieure droite de la hanche ; et s'il échoue, l'homme le plus proche doit fouiller la poche et remettre le contenu au supérieur suivant. J'ai l'intention d'attaquer dans l'ordre suivant :

Première vague	Non. 5e peloton
Deuxième	Non. 6"
Troisième	Non. 7" et
Quatrième vague	Non. 8ème "

Quatre-vingts mètres d'intervalle entre chaque vague. Bombardement des sections des Nos. 5 et 7 à droite, et les Nos. 6 et 8 à gauche de leurs pelotons respectifs.

"Le Lewis Gun n°1 sera à droite de la deuxième vague ; le Lewis Gun n°2 sera à gauche de la quatrième vague.

"Deux coureurs de chaque peloton se présenteront cinq minutes avant zéro heure. Ma position, accompagnée des coureurs, se situera entre la troisième et la quatrième vague.

"À l'arrivée à l'objectif, les Lewis Gunners établiront des points forts, assistés par des bombardiers à chaque extrémité de l'objectif. Chaque homme devra transporter deux cents cartouches et trois bombes ; également trois sacs de sable à sa ceinture et une pioche ou une pelle glissée à travers sa ceinture derrière. Les bombardiers doivent porter chacun un sac contenant douze bombes, mais pas d'outils.

Étrange guerre, se lancer dans un combat comme un terrassier .

5 h 30. Les plans ont été expliqués en détail à chaque homme et les ordres ont été donnés selon lesquels si tous les officiers et sous-officiers sont assommés, les hommes doivent continuer et terminer le travail eux-mêmes.

Matin très brumeux ; nous pouvons finir de creuser la tranchée.

6 heures du matin Une nouvelle étonnante. Les bombardiers du bataillon ont échoué. Quelques survivants, après avoir combattu toute la nuit, ont été refoulés dans le bois. La tranchée mystérieuse que je dois traverser est aux mains des Boches. Pouvons-nous espérer accomplir cette double tâche ?

Les hommes apprirent la nouvelle en silence.

7 heures du matin Le petit-déjeuner se compose de pain sale, de fromage et d'un peu d'eau.

8 heures du matin. Le brouillard s'est levé. Notre position est correcte. Nous pouvons voir clairement l'objectif à environ quatre cents mètres. Nous pouvons également être clairement vus, et les tireurs d'élite sont occupés à essayer de nous abattre.

Avoir fait une reconnaissance et trouver sur le terrain intermédiaire une masse de trous d'obus. On dirait une mer agitée. La progression sera difficile ; le sol est tellement remué, pas un mètre carré de terrain ininterrompu.

14h00 Tout est désormais prêt, avec près de trois heures d'avance .

Ont ordonné aux hommes de prendre leur dîner, composé de pain et de fromage, à 15 heures , afin qu'ils puissent se battre le ventre plein.

Je n'ai pas dormi ni mangé correctement depuis près de deux jours. Il s'allongera et se reposera une heure avant l'attaque.

CHAPITRE XV
L'AVANCÉE À TRAVERS LE BOIS DE LEUZE

NOUVEAUX ORDRES D'OPÉRATION. "À TOUT PRIX."
COMME DES RATS DANS UN PIÈGE

J'avais à peine fermé les yeux qu'un coureur du quartier général arriva en toute hâte le long de la ligne et fut dirigé vers l'endroit où je somnolais au fond d'une tranchée.

"Message du commandant, monsieur, très urgent."

J'ai signé le reçu et ouvert l'enveloppe. Bonté divine! nouveaux ordres d'opération ! J'étais epoustouflé. J'ai regardé à nouveau, osant à peine en croire mes yeux. Effectivement, il n'y avait aucune erreur là-dessus, trois pages d'ordres d'opération soigneusement rédigés. Le titre semblait se moquer de moi :

"De nouveaux ordres d'opération, annulant ceux émis ce matin."

Je continue de lire : « Vous devez avancer à travers le bois de Leuze et attaquer depuis la partie du bois qui forme le quatrième côté de la tranchée carrée, attaquant ainsi l'intérieur du carré ; la compagnie B prend la moitié inférieure, et La Compagnie C, la moitié supérieure ; La Compagnie A doit être en soutien."

Un frisson froid me parcourut le dos. Quelle calamité ! et après toute la peine que j'avais eu à mettre au point les détails de l'attaque, et cette épouvantable nuit passée à creuser ces tranchées pour pouvoir sauter. Chacun savait quoi faire, et maintenant, à la onzième heure, tout le plan fut changé.

J'ai regardé à nouveau les nouvelles commandes :

"Vous devez être au nouveau lieu de rassemblement à 15h30 ; l'heure zéro est 16h45."

J'ai regardé ma montre : Super Scott ! il était déjà 14h15 ; à 15 heures , je dois commencer l'avancée à travers le bois.

Les hommes n'avaient pas encore commencé leur dîner. Quelle heure était-il ? et comment était-il possible de s'asseoir tranquillement et de digérer ces trois pages de nouveaux ordres et d'en comprendre le sens ? A quelle heure avais-je pour faire de nouveaux projets et expliquer à chacun sa nouvelle tâche ?

Il n'y avait pas un instant à perdre ; Je me tournai vers mes deux coureurs :

"Les dîners doivent être pris en même temps. Les commandants de peloton veulent le faire au double."

J'ai attendu, et peu à peu les commandants de peloton, les sous-lieutenants Farman et Chislehirst , ainsi que les sergents Blackwell et Barnes, sont arrivés en courant au sommet, des tireurs d'élite leur tirant dessus alors qu'ils couraient. Ils tenaient les parados, saluant en approchant, et, toujours debout, attendant les ordres, apparemment indifférents à l'excellente cible qu'ils présentaient.

"Allonge-toi à plat", ordonnai-je.

Ils ont fait ce que je leur avais demandé, leurs visages se tournaient anxieusement vers moi, se demandant ce qui se passait.

"De nouveaux ordres d'opération viennent d'arriver du quartier général ; les ordres précédents ont été annulés. Nous devons avancer à travers le bois et attaquer depuis l'intérieur de la place."

Je leur ai lu en toute hâte l'intégralité des ordres et ils m'ont écouté en silence.

"Retournez à vos sections. Les hommes doivent être en ordre de bataille à 14 h 50 - il est maintenant 14 h 30 - à 15 heures, les sections doivent être rassemblées le long de la tranchée, et la section de tête entrera dans le bois en file indienne, les autres les pelotons suivent."

En levant les yeux, j'ai remarqué que leurs visages étaient pâles ; ils écoutaient attentivement, mais n'émettaient aucun son. Ils recevaient des commandes ; ils ont pris conscience de leur responsabilité et ils connaissaient leur devoir.

Le dernier paragraphe a été souligné. Je l'ai lu à la hâte et je les ai regardés à nouveau :

"Juste encore une chose", dis-je. "Voici mes ordres soulignés :

" VOUS DEVEZ ATTEINDRE VOTRE OBJECTIF À TOUT PRIX. SI VOUS ÊTES REPOUSSÉ, VOUS DEVEZ VOUS TENIR À L'ORÉE DU BOIS ET TENIR BON JUSQU'À CE QUE LE DERNIER HOMME TOMBE. "

Cela sonnait comme une condamnation à mort, une prévision de l'heure du procès auquel nous allions faire face. Seuls ceux qui ont reçu de tels ordres sur le champ de bataille peuvent se rendre compte de ce que l'on ressent.

moments dramatiques , nous considérions nos vies comme perdues. Nous avons reconnu à quel point notre tâche était désespérée. Un succès que nous pourrions espérer ; mais nous devons payer le prix de l'échec. Nous devons nous battre jusqu'à ce que le dernier homme tombe — et pourtant nous n'étions que de simples soldats civils.

J'ai regardé leurs visages; nos regards se sont croisés. J'ai compris; Je pouvais leur faire confiance ; ils pouvaient me faire confiance.

"C'est tout ; retournez à vos pelotons et préparez-vous à bouger."

Pendant tout cela, ils n'avaient pas prononcé un mot ; aucun mot n'était nécessaire. Ils se levèrent d'un bond ; Nous avons salué comme si nous étions de retour dans la plaine de Salisbury et, l'instant d'après, nous avons couru le long des parados jusqu'à leurs pelotons.

Je les ai observés et je les ai vus s'agenouiller au sommet de leur tranchée, indifférents aux balles des tireurs d'élite qui sifflaient autour de leur tête, expliquant précipitamment la situation à leurs hommes.

À 15 heures, les hommes étaient prêts et s'étaient rapprochés le long de la tranchée jusqu'au bois.

Le mouvement avait été aperçu par l'ennemi, et une terrible rafale de feu commença ; même si, à l'époque, je ne voyais pas quel effet cela produisait.

J'ai attendu plusieurs minutes, mais il n'y a eu aucun autre mouvement le long de la tranchée pour indiquer que le premier peloton était entré dans le bois. J'ai envoyé le message « Continuez », mais aucun mouvement n'a toujours abouti.

Enfin, sentant que quelque chose n'allait pas et ne pouvant plus retenir mon impatience, je sautai hors de la tranchée et courus le long des parados.

Ce que j'y ai vu m'a séduit pour le moment ; le bois devant moi était rempli d'obus éclatants ; un pr-rrrr continu semblait se déplacer d'avant en arrière, et les balles sifflaient dans toutes les directions.

Bon dieu! quel enfer! Pas étonnant que les hommes aient hésité ! Que fallait-il faire ? Mes ordres ne me laissaient aucune alternative. Je dois avancer à travers le bois. Mon cerveau n'arrêtait pas de répéter les mots : « À tout prix ! Quel prix cela coûterait-il d'entrer dans cet enfer ! C'etait maintenant ou jamais!

Nous étions mariés ; il faut faire quelque chose, et vite. J'ai regardé Farman et je savais que je pouvais compter sur lui.

L'instant d'après, je sautai dans un trou d'obus nouvellement creusé, à environ cinq mètres dans le bois ; a demandé à Farman de le suivre, et un instant plus tard, il a sauté après.

Le bruit était génial. Nous avons crié à haute voix pour que le prochain homme nous suive.

Le prochain homme à franchir le pas fut le sergent-major de la compagnie. Un éclat d'obus l'a touché au côté et il s'est renversé par terre en s'agrippant à sa tunique.

Encore une fois, nous avons crié aux hommes de venir ; et un à un, ils ont franchi le pas.

Lorsque nous étions six dans le trou d'obus, il était temps pour nous de le vider pour faire de la place à d'autres. Farman et moi avons ouvert la voie à tour de rôle, et ce processus s'est poursuivi à travers le bois, sautant de trou en trou et criant à pleins poumons pour que les autres nous suivent.

À cette époque, la scène à l'intérieur du bois était indescriptible. Les balles des mitrailleuses jaillissaient d'avant en arrière ; Des obus de 6 pouces ont explosé dans toutes les directions ; et le vacarme était intensifié par le fracas des arbres déracinés par les explosions et le bruit sourd des missiles frappant le sol.

A travers la lumière terne de ce bois crasseux , nous jetions souvent un regard anxieux vers les roquettes rouges lancées des lignes allemandes, dirigeant vers nous le feu de leur artillerie.

Parfois, en sautant en avant, nous atterrissions à côté de la carcasse morte et mutilée d'un soldat allemand tombé une semaine auparavant. C'était horrible, terrible ; et les millions de mouches suçant ses blessures ouvertes pullulaient autour de nous, apparemment dans un bourdonnement de colère face à notre dérangement. Mais si maladive et horrible que soit la scène, nous devons aller de plus en plus loin dans cet enfer exagéré.

A ce moment-là, les cris des blessés ajoutaient aux terreurs de la scène. Chaque fois que nous sautions dans un trou d'obus, nous nous tournions pour voir les hommes sauter dedans. Chaque fois, il semblait qu'un nouveau visage apparaissait, et l'absence de ceux qui avaient sauté dans le dernier trou d'obus n'était que trop significative.

Mais, sans se laisser intimider par la chute de leurs camarades, chaque homme, à son tour, bondissait en avant et restait à bout de souffle jusqu'à ce que son tour vienne pour un nouvel effort.

Farman fut le premier à parler. C'était à son tour de franchir le pas suivant :

"Je ne pense pas que ce soit vraiment important. Il y a un trou à une trentaine de mètres, je pense que je vais y aller directement."

Il se leva et traversa tranquillement, comme pour inviter à la mort qui semblait inévitable. Il s'arrêta devant le trou d'obus et, pendant un instant, parut baisser les yeux, indécis s'il devait y sauter ou non.

Je lui ai crié :

"Ne sois pas idiot, saute !"

L'instant d'après, un obus a éclaté entre nous et je suis retombé dans le trou de l'obus. Quand j'ai regardé à nouveau et que mes yeux ont pu pénétrer la fumée, je n'ai vu aucun signe de Farman. J'ai crié et, à mon grand soulagement, j'ai vu sa tête apparaître. Hé, c'était sûr !

À maintes reprises , le dernier paragraphe de mes ordres semblait flamboyer devant moi, et comme une main cachée de cet enfer sombre d'horreurs, il ne cessait de me faire signe d'avancer : « À tout prix ! À tout prix ! »

Oui; ce doit être la fin ; mais c'est l'enfer de mourir dans un bois.

Les hommes l'appelaient Lousy Wood. Comment l'appellent-ils maintenant ? C'étaient des gars courageux ; et ce n'étaient que des soldats civils aussi ! Ils étaient autrefois bénévoles. Les gens riaient et les appelaient des soldats du samedi après-midi.

Les critiques publiées dans Hyde Park étaient autrefois une plaisanterie, et les journaux comiques caricaturaient ces hommes et les utilisaient comme matériau pour leurs plaisanteries.

Ce n'étaient que des territoires ! Cet homme, haletant au fond du trou d'obus et toujours agrippé à son fusil, est un employé de banque ; cet homme qui tomba au dernier saut, le ventre déchiré, était clerc de notaire.

Regardez les autres. Leurs visages sont pâles ; leurs yeux sont exorbités. Mais ce sont les mêmes visages que l'on voyait à Cornhill et Threadneedle Street.

Oui, ce ne sont que des territoires ! Mais ici, dans ce bois crasseux, ils en sont sacrément fiers.

Et que se passe-t-il aujourd'hui en Angleterre ?

Est-il bien vrai que, pendant que tout cela se passe dans le bois de Leuze, des orchestres jouent de la musique douce dans des restaurants brillamment éclairés de Londres, tandis qu'une foule gloutonne mange la graisse du pays ? Est-il vraiment vrai que les femmes anglaises s'habillent de manière plus extravagante que jamais ? Est-il vraiment vrai que certains hommes en Angleterre ne peuvent ou ne veulent pas partager le péril de la nation — et menacent même de faire grève ?

Non! Non! Ne pensons pas que telle soit la véritable image de l'Angleterre. Si c'est le cas, alors, Territoriaux, mourons dans le Bois de Leuze !

CHAPITRE XVI
L'ATTAQUE

UNE SITUATION DÉSPERÉE. FORMATION DE BATAILLE.
"POUR L'ANGLETERRE"

Joie! Le dernier saut que j'ai fait m'a atterri dans une tranchée, et j'ai constaté avec grand soulagement que c'était la partie inférieure de la place qui traversait le bois. A quelques mètres de cette tranchée, il émergea à découvert, où il était en possession des Allemands.

Farman et moi nous sommes assis côte à côte, respirant lourdement à cause de nos efforts.

"C'était l'enfer, Farman", dis-je, osant à peine me fier à ma voix.

"Affreux!"

"J'espère que les hommes nous suivent toujours."

"Ceux qui restent."

« Prenez une cigarette, les hommes seront excités de nous voir fumer. »

"Merci, je le ferai, même si je suis aussi sec qu'un os."

" Économisez votre eau ; nous avons encore l'attaque à faire. Nous avons encore une heure ; cela donnera aux hommes le temps de récupérer. "

À ce moment-là, un par un, les hommes commencèrent à sauter dans la tranchée. Lorsque les hommes sont arrivés, leurs visages pâles et leurs yeux écarquillés, nous les avons appelés par leur nom. Ils ont levé les yeux et ont souri de soulagement en nous voyant assis là, côte à côte. Ils comprirent que le dernier saut avait été fait et, pour le moment, en tout cas, ils étaient en sécurité.

Nous étions partis à travers le bois, cent trente hommes environ, et à peine quatre-vingts rassemblés pour l'attaque finale.

Des hommes de la Compagnie C apparurent, se faufilant le long de la tranchée. Plus loin dans le bois, le commandant, le lieutenant Barton, est venu organiser les détails de l'attaque.

"Alors vous avez reçu vos nouvelles commandes à temps", remarquai-je.

"Juste à temps. C'est l'enfer, n'est-ce pas ? J'ai déjà beaucoup perdu, et nous devons encore dépasser les limites."

« J'ai reçu l'ordre de vous prendre la moitié des bombardiers du bataillon ; où sont-ils ?

"Je voudrais les garder ; il n'en reste pas beaucoup et ils sont très en ruine : ils se sont battus toute la nuit."

"Très bien, vous les gardez. Je vais me ranger entre ici et cet arbre cassé. Voulez-vous vous former plus à gauche ?"

"Très bien. Eh bien, je m'en vais ; bravo oh ! mon vieux."

"Au revoir, Barton. Bonne chance !"

Je n'ai jamais revu Barton ! J'ai appris quelques mois plus tard qu'il était tombé, criblé de balles de mitrailleuse, alors qu'il menait ses hommes à l'attaque suivante.

"Passez le mot pour le commandant du peloton n°8", ordonnai-je, souhaitant vérifier si le dernier peloton était arrivé.

Un jeune sergent arriva au pas de course et salua.

"Je commande, monsieur."

Son ton et ses manières m'ont énormément inspiré. Malgré tous les dangers que nous avions traversés, il semblait roux et fier de se retrouver aux commandes du peloton.

Alors, où est M. Chislehirst ? J'ai demandé.

"Blessé, monsieur, dans le bois; balle dans la poitrine. La dernière fois que je l'ai vu, il donnait à boire avec sa bouteille d'eau à un autre blessé."

"Très bien, comprenez-vous vos ordres ?"

"Oui, monsieur, tout à fait."

"Retournez à votre peloton et attendez les ordres pour vous regrouper."

Il salua et revint vers ses hommes. J'ai oublié son nom, mais c'était un brave garçon, ce sergent ; plutôt cool, et visiblement heureux de ses nouvelles responsabilités.

Ainsi, le pauvre vieux Chislehirst a été touché ; bon gars; très jeune, seulement une vingtaine d'années ; bonne compagnie dans le mess; fiable sur le terrain. Tout comme lui qui donne sa bouteille d'eau à quelqu'un d'autre alors qu'il ne peut pas aller plus loin.

Farman était mon seul subordonné. Soudain, il m'a attrapé le bras et m'a montré le bois :

"Regardez là-bas. Qui sont ces types qui rampent le long de cette tranchée ?"

J'ai regardé dans la direction qu'il montrait et là, à mon grand étonnement, sur le terrain tout juste libéré par la Compagnie C, une douzaine de personnages gris bleuâtre rampaient le long d'une tranchée peu profonde. J'ai d'abord cru qu'ils allaient se rendre ; mais ils ne firent aucun signe, mais ils cherchaient visiblement à se mettre à couvert.

Que faisaient-ils ? Ils n'étaient qu'une douzaine et j'avais entre 70 et 80 hommes. Qu'un si petit nombre de personnes sortent seuls et nous attaquent semblait absurde, et j'ai attendu, m'attendant à ce qu'ils lèvent la main et entrent. Peut-être pensaient-ils qu'ils n'avaient pas été vus. J'ai pris un fusil et, visant, j'ai tiré sur l'avant-dernier homme ; J'ai raté.

Pourtant, ils continuaient à ramper. J'ai tiré une seconde fois sur le même homme et il est tombé. La chose ne semblait pas réelle, à voir ces têtes se balancer le long d'une tranchée ; J'ai eu un instant l'impression de tirer sur des lapins.

L'instant d'après, j'ai réalisé leur objectif. À ce moment- là , ils avaient bien travaillé autour de mes flancs. Il s'agissait évidemment de quelques hommes audacieux, qui essayaient de se faufiler inaperçus, avec l'intention de lancer des bombes alors que nous étions dans une zone encombrée, occupés à nous préparer pour l'attaque. Une ruse audacieuse, mais astucieuse ; car une douzaine d'hommes lançant des bombes de près pourraient nous rayer de la carte, ou, en tout cas, pourraient causer suffisamment de dégâts par une action de choc de ce genre pour empêcher notre attaque de démarrer.

Je n'osais donner aucun ordre de tirer de peur de toucher les hommes de la compagnie C. La situation était désespérée. Je n'avais pas de temps à perdre, car l'heure zéro était proche. Les mêmes pensées traversaient l'esprit de Farman.

« Dois-je les essayer ? » il a dit.

"Oui ; formez votre peloton et collez-le à la baïonnette ; puis rejoignez l'attaque en tant que quatrième vague."

J'ai observé Farman et son peloton, baïonnette au poing, rampant à quatre pattes vers les bombardiers allemands. C'est la dernière fois que je les ai vus, car c'était moins de 10 minutes après zéro heure et nous n'étions pas encore en formation de combat.

J'ai entendu par la suite qu'ils avaient bien fait leur travail. Mais me séparer du peloton et de mon seul officier restant à ce moment critique fut une grande perte pour moi ; car je ne pouvais pas compter sur eux dans l'attaque pour laquelle il ne me restait plus que trois sections, soit une soixantaine d'hommes.

J'avais perdu la moitié de mes forces et la véritable attaque n'avait pas encore commencé. J'ai fait venir les commandants de peloton restants et j'ai expliqué la situation :

"Le peloton n° 6 va maintenant devenir la première vague. Formez-vous et étendez-vous le long de la lisière du bois et attendez mon signal pour avancer à découvert. Le peloton n° 7, formez-vous immédiatement à l'arrière ; et le peloton n° 8, rassemblez-vous. " Dans la tranchée de près. La section de bombardement du n ° 6 se poursuivra le long de la tranchée parallèlement à l'avancée, la bombardant au fur et à mesure. "

Les hommes se formèrent, les minutes semblaient être des heures. Nous étions face à l'intérieur de la tranchée carrée, qui était un amas de trous d'obus, et comme si nous avions anticipé notre intention, les obus éclataient et les balles sifflaient de toutes parts.

Comme l'Angleterre doit être paisible en ce moment ; comme ces villages sont jolis ! Et comme cet enfer semblait méchant devant nous ! Et c'étaient les hommes d'Angleterre – des gars sympas, seulement des territoires.

On les rencontrait tous les jours en ville. Certains étaient vraiment fous. Voyez-les au déjeuner; regardez-les sortir en masse de la gare de Liverpool Street entre 9 et 10 heures du matin, avec un journal et une canne ; je les vois dans les banques, penchés sur les registres. On avait du mal à y croire ; mais c'étaient les mêmes hommes.

Ils n'étaient pas très minces en ce moment ; leurs mains sont sinistres alors qu'ils s'agrippent à leurs fusils, intrépides par les terreurs qu'ils ont déjà traversées et la vue de leurs camarades tombés au combat et laissés gémir dans le bois.

Ils sont là, étendus et allongés sur le sol, attendant de nouveaux ordres. Ils ont traversé un enfer de justesse et regardent patiemment vers un autre enfer ; leur vie se comptait en minutes, ces hommes de bureau. Mais leurs yeux étaient fixés de l'autre côté de la tranchée carrée qui devait être leur objectif ; à moins que par la volonté de Dieu et pour le bien de l'Angleterre, ils n'en aient trouvé une plus ancienne.

Les hommes de Londres ! Certains peuvent vous qualifier de « seulement des territoires ». La formation est votre passe-temps ; mais combattre n'a jamais été votre métier.

Qu'en pensera l'Angleterre ? L'Angleterre ne le saura peut-être jamais.

Qui a déjà entendu parler du Bois de Leuze ? Si un homme est tué en Angleterre, une enquête est ouverte. Les gens en ont entendu parler dans les journaux.

Les gens restés en Angleterre subissent-ils des difficultés sans se plaindre et en serrant les dents comme vous ? Vous n'obtenez qu'un bob par jour. L'Angleterre a besoin de vous ; vous êtes des maîtres. Pourquoi ne frappez-vous pas à ce moment critique ?

Non, mes gars ; ils sont faits de choses différentes. Vous êtes des hommes! Il y a aujourd'hui en Angleterre des gens qui travaillent pour la cause de l'Angleterre ; il y en a d'autres qui s'enrichissent de votre absence ; il y a des maisons qui ressentiront votre sacrifice.

Vous avez vu les maisons détruites et les horribles outrages en France ; et entre cette image et les champs verts de l'Angleterre, vous devez prendre position ; ceux d'Angleterre dépendront de vous aujourd'hui.

L'heure zéro est proche. L'agonie, la mutilation et la mort sont à quelques mètres de vous. Il n'y aura pas de photos de vos actes ; il n'y a ni drapeaux ni trompettes pour vous inspirer ; vous êtes étendu sur le sol sale à la lisière du bois de Leuze, avec l'enfer devant vous et l'enfer derrière vous, l'enfer dans ces tranchées à gauche, l'enfer dans ces tranchées à droite.

Encore une minute et vous vous lèverez et entrerez dedans. Mesdames! C'est pour l'Angleterre !

CHAPITRE XVII
À TOUT PRIX

SUR LE DESSUS. FOLLE, COMBATTRE FOLLE. L'ASSAUT FINAL

Enfin le tonnerre de nos canons vers les lignes allemandes confirma l' heure. L'heure zéro était arrivée ; le barrage avait commencé.

"Le peloton n°6 avancera."

La ligne de front s'est levée d'un bond et s'est ouverte. Merveilleux! Stable comme un roc ! La ligne était parfaite.

A gauche, la ligne de front de la Compagnie C a également émergé du bois ; les bombardiers du No. Le 6e peloton a disparu le long de la tranchée mystérieuse.

Le tut- ut - ut-ut des mitrailleuses se développait dans plusieurs parties de la place, tandis que le craquement des fusils augmentait en intensité.

Non. Le 7e peloton s'est levé et a avancé à découvert, suivi par la troisième vague.

J'ai étendu mes coureurs et j'ai suivi.

Ce qui suivit la description suivante des mendiants . Au moment où j'écris ces lignes, ma main hésite à décrire l'enfer qui s'est déchaîné sur ces hommes. Aucun œil autre que le mien ne pouvait saisir l'image aussi complètement.

Le monde saura-t-il un jour à quoi ces hommes ont été confrontés et contre lesquels ils se sont battus, ces hommes de la City de Londres ? Non, à moins que je ne le raconte, car j'ai été le seul à voir tout ce qui s'est passé ce jour-là ; et ma main seule, faible et incapable, bien qu'elle sente, est la seule qui puisse le faire.

A peine étais-je sorti du bois avec mes dix coureurs qu'un parfait ouragan d'obus fut lancé sur nous, les mitrailleuses de plusieurs pointes projetant leur feu mortel d'avant en arrière, laissant tomber les hommes comme du blé devant la faucheuse. Des trois côtés de la place, un ouragan de feu s'est déversé sur nous au centre de la place, alors que nous sortions du bois.

En bien moins de temps qu'il n'en faut pour l'enregistrer, les vagues attaquantes ne sont devenues qu'un simple groupe d'hommes. Ils continuèrent pendant un mètre ou deux, puis tout sembla disparaître ; et même mes coureurs, que j'avais alignés, tombaient rapidement.

La situation était critique, désespérée. Craignant que l'attaque échoue, j'ai couru en avant, et j'ai rassemblé des hommes ici et là dans les trous d'obus où certains s'étaient réfugiés, je les ai formés en une nouvelle ligne de feu, et une fois de plus nous avons avancé.

À maintes reprises, la ligne s'est éclaircie ; et encore une fois, les survivants, intrépides et invaincus, se reformèrent et avancèrent.

Les hommes riaient, les hommes pleuraient dans le désespoir du moment. Nous étions aux prises avec la mort ; nous l'esquivions, le trompions ; Nous étions fous, aveuglément hystériques. Qu'importe ? De plus en plus loin dans l'enfer, nous devons nous enfoncer, à tout prix, à tout prix ; sautant, sautant, nous précipitant, nous allions de trou d'obus en trou d'obus ; et pourtant le feu continuait avec une fureur implacable.

Je sautai dans un trou d'obus et me trouvai à dix mètres de mon objectif. Mes trois coureurs restants ont sauté à mes côtés. Il s'agissait d'Arnold, Dobson et Wilkinson.

Arnold était fichu ! Il m'a regardé avec des yeux fixes et le visage pâle, et a haleté qu'il ne pouvait pas aller plus loin, et j'ai réalisé que je ne pouvais plus compter sur lui.

J'ai jeté un coup d'œil vers la gauche, juste à temps pour voir trois Allemands à moins de cinq mètres, sauter l'un après l'autre d'un trou d'obus qui formait une sorte de baie jusqu'à leur tranchée et m'enfuir.

Voulant économiser les munitions de mon revolver pour le corps à corps qui semblait imminent, je saisis le fusil d'Arnold et tirai. J'ai raté les trois ; ma main tremblait.

Que devais-je faire ensuite ? La compagnie à ma gauche avait disparu ; la tranchée juste devant moi était occupée par les Boches. J'avais avec moi trois coureurs, dont un était impuissant, et dans le trou d'obus suivant environ six hommes, les seuls survivants de ma compagnie.

Où étaient les supports ? Avec anxiété, je me retournai vers le bois ; pourquoi ne sont-ils pas venus ?

Les pauvres gens, je ne le savais pas à l'époque, mais la main de la mort les avait frappés encore plus durement dans le bois que chez nous.

Ma position était désespérée. Je ne pouvais pas prendre ma retraite. Mes ordres étaient impératifs : « Vous devez atteindre votre objectif à tout prix ». Je dois y arriver d'une manière ou d'une autre. Mais même si nous y parvenions, combien de temps pourrais-je espérer tenir avec une telle poignée d'hommes ?

Un soutien immédiat que je dois avoir ; Je dois prendre des risques. Je me tournai vers les courageux Dobson et Wilkinson :

"Message aux supports : 'Envoyez-moi rapidement deux pelotons ; position critique.'"

Sans un instant d'hésitation, ils se sont levés et se sont enfuis avec le message qui pourrait peut-être sauver la situation.

Dobson tomba avant d'avoir parcouru deux mètres ; trois pas plus loin, je vis Wilkinson, le favori de la compagnie, se retourner brusquement et tomber à terre en se serrant la poitrine. Tout espoir pour les soutiens avait disparu.

A ce moment, la section de bombardement, qui avait désormais dégagé la tranchée mystérieuse, arrivait à droite de l'objectif ; et à ma joie délirante, j'ai remarqué les Allemands dans la tranchée devant moi qui s'enfuyaient le long de la tranchée.

C'etait maintenant ou jamais! Nous devons charger sur cette bande de terrain et en finir avec la baïonnette. Un instant d'hésitation et la situation pourrait être inversée à nouveau, et tout serait perdu. La tranchée en face doit être prise d'assaut ; il faut le faire. Nous étions six ou sept et il faut le faire.

J'ai crié aux hommes :

"Préparez-vous à charger, ils courent. Allez ! Allez !"

J'ai sauté du trou d'obus et ils m'ont suivi. Une fois de plus, j'étais en colère. Je n'ai rien vu, je n'ai rien entendu ; Je voulais tuer ! tuer!

Pf — ung !

Oh! Mon Dieu! J'ai été touché à la tête ! J'étais aveugle!

CHAPITRE XVIII
LAISSÉ SUR LE TERRAIN

LE MYSTÈRE DE LA MORT. LE CODE SECRET. DEUX JOURS TERRIBLES

J'ai été blessé ! J'étais aveugle! Mais les moments qui ont suivi sont clairs dans ma mémoire. Le cerveau choqué par un coup travaille rapidement et activement dans son effort excité pour se défendre.

J'étais tout à fait conscient et je pensais clairement : je savais ce qui s'était passé et ce qui allait se passer ; Je me souvenais de chaque détail.

En ce moment, ma tête était penchée vers la droite, car je criais aux hommes. Comme un éclair, je me rappelai qu'à une cinquantaine de mètres à ma gauche se trouvait un « point fort allemand » toujours occupé par les Allemands. Une balle était entrée dans ma tempe gauche ; cela doit provenir d'un tireur d'élite dans ce point fortifié. La balle m'avait traversé la tête ; Je pensais qu'il était sorti par ma tempe droite. Je me suis trompé sur ce point, car j'ai constaté quelques jours plus tard qu'elle était sortie par le centre de mon œil droit.

Je me souviens très bien de m'être agrippé la tête et de m'être effondré au sol, et tout le temps je pensais "donc c'est la fin - la fin de tout ; une balle dans la tête, la mienne est une blessure mortelle."

Arnold s'est levé d'un bond, m'a pris dans ses bras et m'a aidé à rentrer dans le trou d'obus.

J'hésite à raconter ce qui a suivi. Mais comme j'essaie d'enregistrer les sensations éprouvées au moment de recevoir une blessure à la tête, je décrirai simplement l'expérience suivante et laisserai le lecteur tirer ses propres conclusions.

J'étais alors aveugle, comme je le suis maintenant ; mais la noirceur qui était alors devant moi subit un changement. Une voix quelque part derrière moi dit : « C'est la mort ; veux-tu venir ?

Puis peu à peu la noirceur devint plus intense. Un rideau semblait tomber lentement ; il y avait de l'espace ; il y avait des ténèbres, plus noires que mon aveuglement ; tout était passé. Il y avait une paix, un néant ; mais un bonheur indescriptible.

J'ai semblé un instant quelque part dans le vide, regardant mon corps, allongé dans le trou d'obus, saignant de la tempe. J'étais mort ! et c'était mon corps; mais j'étais heureux.

Mais la voix que j'avais entendue semblait attendre une réponse. Il me semblait que je m'exerçais dans un effort frénétique, comme quelqu'un en rêve qui cherche à s'éveiller.

J'ai dit : "Non, pas maintenant ; je ne mourrai pas." Puis le rideau se leva lentement ; mon corps bougeait et je le bougeais. J'étais en vie!

Voilà, mes lecteurs, je vous l'ai dit, et j'ai hésité à le dire auparavant. Plus que cela, je vous dirai que je n'étais pas inconscient ; et je n'ai perdu connaissance que plusieurs minutes plus tard, et l'inconscience a alors été tout à fait différente.

Je vous ai dit à quel point mon cerveau était clair au moment où j'ai été frappé, et je vous ai dit aussi qu'après la sensation que je viens de raconter, mon cerveau était également clair, comme je vais vous le montrer, jusqu'à ce que je perde connaissance.

Appelez cela une hallucination, une astuce du cerveau ou ce que vous voulez. Je ne fais aucune tentative pour vous influencer ; J'enregistre simplement l'incident, mais je garderai ma propre conviction pour moi.

Quoi qu'il en soit, je ne pense plus qu'il y ait de mystère autour de la mort. Je ne le redoute pas non plus.

Arnold était occupé à déchirer le pansement que je portais dans une poche de ma tunique.

"Utilise d'abord l'iode, Arnold ; il est dans la poche dans une fiole en verre."

"Le verre est cassé, monsieur."

"Dans un morceau de papier, il y a deux comprimés de morphine. Vite, tu ferais mieux de me les donner."

"Ils ne sont pas là, monsieur." Et il m'a bandé les yeux tandis que le sang coulait sur mon visage.

« Vite, Arnold, ma poche droite… fouille-y ; des papiers là-bas… un code secret… sors-les… déchire-les… vite ; dis-moi, tu l'as fait ?

"Oui, monsieur, je l'ai fait."

Je coulais; Je me sentais partir ; Je sentais que la fin était proche. Je lui saisis l'épaule et l'attirai vers moi :

"Arnold, j'y vais. Si tu reviens, dis-le à ma... femme..." Mais le message qui était sur mes lèvres n'était pas terminé ; Je ne pouvais plus parler. Je tombais dans l'espace, je tombais, je tombais ; tout a disparu, je ne me souvenais plus.

Je ne sais pas combien de temps je suis resté dans cet état. Je me souviens avoir repris conscience et avoir trouvé Arnold à mes côtés.

Quelque chose de terrible se passait. J'ai progressivement commencé à réaliser qu'une autre attaque avait lieu au-dessus de ma tête. Cette fois, le feu venait des deux côtés. Un flot de balles semblait se déverser sur le trou de l'obus. La signification était évidente : une mitrailleuse avait été placée dans la tranchée à dix mètres de là, et son tir meurtrier se déversait sur le trou d'obus dans lequel nous gisions. De fortes explosions se produisaient tout autour de nous, et à chaque explosion la terre semblait s'élever, et je sentais le voyou, le voyou des morceaux de métal frapper la terre tout près ; tandis que des averses de terre tombaient sur mon corps. Je ne pouvais pas tenir longtemps. Les canons des deux côtés semblaient nous chercher ; nous allons bientôt être mis en pièces.

Combien de temps cela a duré, je ne peux pas le dire. J'étais faible; mes nerfs brisés ne pouvaient pas supporter une épreuve aussi terrible. Je restais blotti et frissonnant au fond du trou d'obus, attendant que le métal déchiqueté frappe mon corps ou soit projeté, mutilé, dans les airs.

De nouveau, je suis devenu inconscient. Lorsque je repris mes esprits , Arnold essayait de me soulever, de m'emporter, mais sa force n'était pas à la hauteur. Il m'a encore allongé.

Les tirs avaient cessé. Il semblait regarder par le trou de l'obus et me parler. Je pense qu'il planifiait une évasion. Il devait faire sombre, car il semblait incertain quant à la direction à prendre.

Puis j'ai commencé à vomir ; J'avais l'impression de vomir mon cœur, tandis qu'Arnold semblait essayer de me réconforter.

Je suis de nouveau devenu inconscient. Lorsque je repris connaissance pour la troisième fois, il me sembla que j'étais resté insensible pendant un très long moment. Mais j'avais l'air très reposé, quoique très faible.

Tout était silencieux, étrange ; Je ne pouvais rien voir, rien entendre. Oui, je m'en souvenais ; J'ai été abattu et j'étais toujours dans le trou de l'obus. J'ai senti ma tête; il y avait un bandage grossier autour, couvrant mes yeux. Le bandage sur mon œil droit était durci par le sang et du sang séché couvrait ma joue gauche. Mes cheveux étaient emmêlés d'argile et de sang ; et mes vêtements semblaient recouverts de terre meuble.

Mais que signifiait cet étrange silence ? — Arnold, où était-il ? Je l'ai appelé par son nom, mais il n'y a eu aucune réponse. Je me souvenais des coups de feu que j'avais entendus : oui, il devait être mort.

Dans ma cécité et mon désespoir , j'ai tâtonné à quatre pattes autour du trou d'obus pour retrouver son corps. Il n'était pas là. *J'étais seul!*

CHAPITRE XIX
LES MÂCHOIRES DE LA MORT

SOLITUDE, OBSCURITÉ ET SILENCE. UN DERNIER EFFORT. Je me prépare à la mort

Bien sûr, je ne savais pas à l'époque ce qu'était devenu Arnold ; mais je l'ai découvert plus tard.

Craignant que je meure lorsque je tombai à nouveau dans l'inconscience, après ma crise de vomissements, il décida, à la faveur de l'obscurité, d'essayer de retrouver le chemin des lignes britanniques pour m'apporter de l'aide.

Après avoir trébuché dans et hors des trous d'obus, il aperçut soudain le canon d'un fusil pointé sur lui depuis une tranchée voisine et le suivant dans ses mouvements ; et un instant plus tard, il était prisonnier.

Comprenant l'allemand, il dit à ses ravisseurs que j'étais étendu dans le No Man's Land et les supplia de m'envoyer une aide médicale ; et ils répondirent que des brancardiers seraient envoyés pour faire des recherches.

Je ne sais si les brancardiers ont été envoyés ou non ; mais s'ils l'étaient, ils n'ont pas réussi à me trouver ; car, autant que je le sache, c'est le lundi matin que j'ai repris connaissance, pour me retrouver seul, deux jours après avoir été abattu.

Il m'est difficile de décrire mes sentiments lorsque je me retrouve seul. Je n'avais aucune douleur, j'avais l'impression de me sentir très petite et le monde très grand. Je me suis assis et j'ai senti ma tête ; mon visage avait deux fois sa taille habituelle et semblait collant et moite de terre et de sang.

Tout était si silencieux.

Il y avait une grosse boule de sang durci là où le pansement grossier couvrait mon œil droit ; ma joue gauche, mon nez et mes lèvres étaient énormément enflés.

Si c'était la nuit ou le jour, je ne savais pas. Mais je savais que j'étais aveugle. J'ai essayé de rassembler mes pensées et de raisonner ma position.

Où était la ligne allemande et où étaient les Britanniques ? Je savais que je devais me trouver à une distance considérable de la ligne britannique ; mais dans quelle direction c'était, je ne pouvais pas le dire.

Si je devais ramper, dans quelle direction devrais-je aller et où devrais-je me retrouver ? Mieux vaut essayer et tenter ma chance que de rester là où j'étais.

À quatre pattes, j'ai essayé de ramper sur le côté du trou d'obus. Mais je n'avais pas compté sur ma faiblesse ; le monde était si grand et j'étais si petit.

Avant de pouvoir atteindre le sommet , mes forces m'ont épuisé et j'ai glissé vers le bas. J'ai essayé encore et encore , et à chaque tentative, je glissais en arrière, emportant avec moi un tas de terre meuble.

Finalement, j'ai réalisé à quel point tout cela était désespéré, avec si peu de force. Et incapable même d'atteindre le sommet du trou d'obus, comment pourrais-je espérer un jour atteindre la ligne britannique à travers la mer de trous d'obus qui est intervenue ? J'avais l'air si loin de tout ; mais je n'imaginais pas alors que des soldats allemands se trouvaient à quelques mètres de moi dans la tranchée d'où je les avais chassés par des efforts si désespérés deux jours auparavant, deux jours auparavant ! Cela faisait sûrement deux ans !

C'est alors que mon sort s'est révélé à moi. Bien sûr, la fin était tout à fait logique. C'était la fin ; il ne pouvait en être autrement. Si je n'avais pas décidé que cela viendrait ? Je l'ai sûrement fait avant de commencer ? N'ai-je pas reçu une balle dans la tête et laissé mourir ? Eh bien, c'était le bon endroit pour mourir. Mais ce qui m'a surpris, c'est que l'idée de mourir semblait si réconfortante. J'étais si fatigué et la mort semblait si paisible.

J'ai entendu des gens dire que lorsqu'une personne se noie, une fois les premiers combats frénétiques terminés, une délicieuse sensation de paix l'envahit et elle cesse de désirer s'aider elle-même. C'est ce que j'ai ressenti à ce moment-là. Ce trou d'obus était ma tombe. Eh bien, cela semblait tout à fait juste et approprié.

L'idée de revenir à la vie après avoir subi tant de morts semblait très déraisonnable. Mes sensations étaient celles de quelqu'un qui s'était réveillé et se retrouvait enterré vivant. Être en vie, c'était tromper la mort, qui me tenait fermement dans son emprise. Mieux vaut l'accepter et attendre sereinement la fin.

La vie du monde me semblait si loin. Ma famille, ma maison, mes amis et les scènes que je connaissais si bien semblaient appartenir à un passé brumeux, très, très loin, un âge différent.

Après tout, cela n'avait pas beaucoup d'importance. C'était il y a très longtemps. Tout cela s'était passé il y a longtemps. Mon absence était un fait reconnu ; J'étais maintenant un souvenir.

Maintenant, j'ai déjà dit que je me suis réveillé rafraîchi. Je dirai encore que je n'ai jamais été aussi lucide de ma vie. J'avais peu de puissance dans mes membres. Mon cerveau n'a jamais été aussi calme, calculateur et indifférent à la mort que je savais proche.

Ce n'était pas gênant car je n'en avais pas. Cela n'avait rien à voir avec la question du courage ou de la lâcheté. C'était simplement l'état du cerveau avant son dernier coup de pied. J'avais cessé de résister à mon sort ; Je l'ai accepté. Je n'étais pas encore mort, mais je devais mourir là-bas, et ce devait être ma tombe.

J'ai commencé à réfléchir calmement de quelle manière ma vie allait se dérouler, et j'ai conclu que cela résulterait de ma blessure pendant une période d'inconscience, ou du processus plus lent de soif, de famine et d'exposition. Dans ce dernier cas, j'aurais probablement des spasmes ou des luttes violentes. Je ferais mieux de me préparer.

J'étais allongé dans une position très inconfortable. Il y avait un tas de terre meuble qui collait maladroitement contre mon corps. Avec mes mains et mes pieds , je l'ai creusé jusqu'à ce que mon corps repose confortablement dans un creux, la terre meuble formant une sorte de lit. En faisant cela, j'ai trouvé une bouteille d'eau. Arnold a dû le laisser derrière moi. Il n'y avait qu'un drain dedans, que j'ai bu et j'ai jeté la bouteille.

J'ai ensuite fouillé mes poches à la recherche de nourriture et j'ai trouvé une petite croûte, les restes de ce qui avait été ma nourriture la veille de l'attaque. Je l'ai placé soigneusement dans ma poche pour l'utiliser au moment où je devrais éprouver les dernières affres de la faim. Ma propre bouteille d'eau contient encore environ une demi-pinte d'eau. Je l'ai placé sur le sol, près de l'endroit où se trouverait mon visage, afin de pouvoir le saisir facilement.

Ces préparatifs terminés, mon cerveau commençait à se fatiguer. Il n'y avait rien d'autre à faire ; tout était prêt. Je m'allongerais maintenant et j'attendrais la fin. J'ai posé ma tête sur le sol, utilisant le côté du trou d'obus comme oreiller.

J'étais très à l'aise, la terre molle ressemblait presque à un lit. Après tout, j'ai eu de la chance de pouvoir mourir aussi confortablement. Je me demandais combien de temps cela prendrait réellement – des jours de plus, peut-être, mais je pouvais quand même attendre. Oui, la vie du monde était très loin ; après tout, cela n'avait pas d'importance.

Combien de temps j'ai attendu dans cette position, je ne le sais pas, mais je me suis soudain rendu compte que j'allais mourir et, pendant un instant, toutes les scènes anciennes se sont rapprochées. Ils passaient en une sorte de cortège.

Une impulsion soudaine m'a poussé à me mettre en position assise. J'ai agité ma main au-dessus de ma tête et j'ai crié : « Au revoir ». Le cortège était terminé. Je me suis recouché et j'ai attendu la fin.

CHAPITRE XX
À LA MERCI DES HUN — ET APRÈS

UN BASSIN DE SOUPE. HÔPITAL À ST. QUENTIN. LE "SÉSAME OUVERT"

Un instant ou deux plus tard, quelque chose se produisit qui ramena mon cerveau usé à nouveau en activité. Qu'est-ce que cela pourrait signifier ?

Je réfléchissais encore beaucoup, j'écoutais attentivement ; quelque chose d'indéfinissable s'était produit et avait soudainement ravivé mon état mental. Étais-je décédé et était-ce la prochaine vie ? Je me sentais comme quelqu'un qui s'était réveillé d'un rêve en pleine nuit, conscient que quelqu'un ou quelque chose bougeait près de lui.

"Anglais ! Camarade !"

Bon dieu! J'ai été trouvé !

Si j'en avais eu la force, j'aurais probablement crié de joie, car c'était mon instinct d'entendre une voix humaine. Une seconde plus tard, j'avais le sentiment de reculer devant la découverte. Se rendre? Après tout, qu'en est-il arrivé là ?

Je n'ai pas répondu ; ce n'était pas nécessaire.

Il a dû m'entendre crier ; il doit savoir où je suis : j'étais désarmé et impuissant ; quel besoin de répondre à un tel appel ? Il me chercherait probablement, et je serais trouvé sans avoir besoin de me salir les lèvres avec une réponse.

Et puis j'ai senti que ce n'était pas ma vie qui était sauvée, mais une mort persistante évitée par une dépêche meurtrière mais rapide . Eh bien, il valait peut-être mieux que cela se fasse ainsi.

Bientôt, j'entendis quelqu'un ramper vers moi. Quelques cailloux roulèrent sur la pente et le silence revint. J'avais l'impression qu'il me regardait. Encore un mouvement, et une quantité de terre meuble dévala la pente, et il glissa vers moi.

Le moment suprême était arrivé. Serait-ce une balle ou un coup de baïonnette ? et où cela me frapperait-il ?

Je reste parfaitement immobile. Il semblait se pencher sur moi, indécis. Je pensais qu'il pourrait me croire mort et s'en aller sans m'achever, pour chercher ailleurs la cause du cri.

Je me soulevai sur mon coude et tournai mon visage vers lui. Puis, à mon grand étonnement, il a passé ses bras autour de mon corps et m'a soulevé. Quelle étrange merveille était-ce ? Il a mis mon bras autour de son cou, et avec son propre bras autour de mon corps, il m'a relevé. Mais je ne pouvais pas supporter. Puis, plaçant fermement ses deux bras autour de moi, il m'a tiré hors des trous d'obus. Je me suis senti traîné sur plusieurs mètres, puis il s'est arrêté.

J'ai entendu de nombreuses voix parler en dessous de moi. Que se passerait-il ensuite ? Puis plusieurs mains m'ont saisi et j'ai été soulevé dans une tranchée.

Quelqu'un a donné un ordre et j'ai été traîné le long de la tranchée et dans un coin. D'autres voix semblaient venir d'encore plus bas. Quelqu'un m'a saisi les pieds et j'ai été transporté jusqu'en bas de plusieurs marches. J'étais dans une pirogue.

Cela semblait chaleureux et confortable . Il y avait des officiers autour de moi. Ici doit être le commandant de compagnie que j'avais chassé il y a deux jours. Il pouvait désormais se venger. Quelle grâce pouvais-je espérer de lui ?

Une voix m'a posé une question en anglais. Mais à ce moment -là , je m'étais complètement effondré. J'ai essayé de parler, mais aucun son ne sortait de ma gorge. Ma tête semblait avoir une taille énorme ; ma mâchoire ne bougeait pas. Je sentis qu'on examinait ma tunique et mes poches. Non, il n'y avait pas de papiers. J'ai entendu quelqu'un dites "Capitaine". Puis on continue à parler.

On m'a mis une cigarette à la bouche. Je le tenais entre mes lèvres gonflées, mais je ne pouvais pas inhaler. Un ordre précis fut donné, et une fois de plus je fus élevé sur le dos de quelqu'un et traîné dans une longue tranchée de communication.

J'ai pu immédiatement me rendre compte que j'étais dans un poste de secours, car j'étais étendu sur une civière. Quelqu'un s'est penché sur moi, visiblement un médecin.

Ma gorge était desséchée. Oh, comme j'avais soif ! Il me disait quelque chose en anglais d'une manière très gentille. Il ouvrit une bouteille d'eau de Seltz et, me soulevant, la porta à mes lèvres. Oh, comme j'avais soif ! J'ai tendu la main pour en savoir plus. Bouteille après bouteille d'eau de Seltz, j'ai bu l'une après l'autre. Dans mon flou, j'avais l'impression de me demander comment ils pouvaient être approvisionnés en tant de quantités d'eau de Seltz, si près de la ligne de front.

Il a ouvert ma tunique et a frotté quelque chose sur ma poitrine. Je l'entendis dire, très doucement :

« Injection contre le tétanos. Cela ne vous fera pas de mal » ; et puis j'ai senti une très légère piqûre d'épingle. Il m'a encore allongé. Ma tête me faisait mal.

Comme il faisait chaud et étouffant ! J'ai entendu des gémissements, des voix parlaient à voix basse. J'ai encore entendu le mot « Capitaine ».

<hr>

Des jours qui suivirent, je n'ai qu'un souvenir flou. Mon cerveau et mon corps ont résisté pendant la période de danger et de tension, se sont complètement effondrés et pendant les six jours suivants, je n'ai eu que des périodes occasionnelles de sensibilité.

Je ne peux donc que rappeler les faits entre le moment où j'ai été récupéré et mon arrivée à Hanovre, six jours plus tard, de manière décousue.

Ne racontant que les incidents qui ont marqué çà et là dans ma mémoire, il faut garder à l'esprit que lors des opérations des 8 et 9 septembre j'avais senti le poids de ma responsabilité ; et le grand choc causé par ma blessure et les deux jours d'exposition et de souffrance qui ont suivi ont imposé une grande tension à mon système, et la réaction s'était maintenant installée.

Ma blessure n'avait reçu aucune attention et mon œil droit était désespérément mutilé. Le nerf optique de mon œil gauche était endommagé de manière irréparable et l'œil lui-même était obscurci par une énorme tuméfaction. Mon odorat avait disparu et mes joues, mon nez et ma bouche étaient enflés et engourdis à un degré douloureux.

J'avais perdu de la puissance dans ma mâchoire inférieure, qui pouvait à peine bouger. Mes nerfs étaient complètement brisés et le simple contact d'une main me faisait rétrécir de peur.

J'avais perdu la voix, et pendant les moments occasionnels de sensibilité, je ne parvenais qu'à murmurer, tandis que mon cerveau, dans un affreux délire, me ramenait sans cesse aux scènes que je venais de traverser.

Je me souviens que ma civière a été levée et placée dans une ambulance tirée par des chevaux avec plusieurs autres. Avant de partir, le médecin m'a donné une bouteille d'eau, et ma soif était si grande que pendant plusieurs jours je l'ai gardée bien serrée dans ma main et je ne m'en séparais que pour la remplir à nouveau.

J'ai une vague idée d'être transféré d'une ambulance à une autre, et de plusieurs voyages. Le sol était très accidenté et les secousses du chariot semblaient causer de grandes douleurs aux autres occupants. Le choc contre ma tête m'a obligé à la soulever de l'oreiller et à résister aux secousses en la posant sur ma main.

Je ne sais pas où j'ai passé la nuit de lundi, mais mardi soir, je me suis retrouvé dans ce qui devait être un petit hôpital dans une ville dont je ne me souviens pas.

Il me semblait que j'étais dans une sorte de sous-sol d'une maison particulière, et qu'un homme et une femme veillaient sur moi, manifestant une très grande bonté et compassion.

Il me semblait que je me réveillais de ma stupeur et que je me souvenais de quelques bribes de conversation alors qu'ils se penchaient sur moi, car ils parlaient tous les deux un peu anglais.

Du sang et de l'argile étaient encore collés sur mon visage et mes cheveux ; et mon uniforme était poisseux de sang et de crasse. Oh, comme j'aurais aimé pouvoir l'enlever et être mis dans des vêtements propres et dans un lit !

L'homme enlevait mes bottes :

"Ces très belles bottes, hein?"

J'ai entendu dans un murmure.

"Tu les as donné, hein ?"

"Non," murmurai-je, "je les ai achetés moi-même."

« Où achetez-vous de si belles bottes ?

"Londres."

"Ah, ouais. Je pensais que tu n'aurais pas de si belles bottes pour rien. Prends-en bien soin, nous n'avons pas de bonnes bottes comme celles-là ici."

Je lui ai murmuré :

"Quel est ce bruit?"

"Ah, c'est dommage. Les Anglais ont tiré ici avec des canons à longue portée, des gros canons. Ils portent vingt-sept milles. Nous avons déménagé cet hôpital deux fois, ouais."

La femme s'est approchée de ma civière avec une bassine de soupe. Je n'oublierai jamais ce bassin de soupe. C'était probablement une soupe très ordinaire, mais dès que j'en ai goûté la première cuillerée, je l'ai dévorée avec voracité, car pendant tout ce temps je n'avais pas réalisé que je souffrais de faim. Au cours des trois derniers jours, pas un atome de nourriture n'avait franchi mes lèvres, et pendant les deux jours précédents, une bouchée occasionnelle de pain et de fromage constituait ma seule ration. Même maintenant, je n'étais pas destiné à recevoir la nourriture dont mon corps avait envie ; car une bassine de soupe par jour était tout ce que je recevais pendant le reste de cette semaine.

Tenant toujours ma bouteille d'eau sous ma couverture, j'ai été retiré le lendemain matin et placé dans un camion de marchandises avec deux autres, l'un un sergent des Guards et l'autre un soldat du ——, London Regiment. Nous avons été enfermés dans le camion et y sommes restés pendant de nombreuses heures sans nourriture ni commodités d'aucune sorte, et sommes finalement arrivés à Saint-Quentin.

Quelqu'un a retiré la couverture de mon visage et a examiné mes bretelles. Je l'entendis dire « Hauptmann », et ensuite j'eus l'impression d'être traité avec une certaine considération.

Je ne comprenais pas un seul mot d'allemand et la répétition de ce mot me laissait perplexe. Cela doit avoir un lien avec mon rang. Je l'essayais sur la prochaine personne qui s'approcherait de moi et je verrais ce qui se passait.

Je n'ai pas eu longtemps à attendre, car peu à peu les civières furent levées et nous fûmes transportés à l'hôpital de Saint-Quentin. J'étais placé à côté d'un grand nombre d'autres personnes, et cet endroit créait une impression très désagréable de l'attention que j'étais susceptible de recevoir.

L'endroit ressemblait à Bedlam. Tout autour de moi, j'entendais les gémissements et les cris des blessés. Combien de temps resterais-je ici sans surveillance ? Comme j'avais envie qu'on m'enlève mes vêtements ! Et qu'en est-il de ma blessure : combien de temps faudra-t-il avant qu'elle soit soignée ? Et que lui arrivait-il pendant tout ce temps ?

J'ai entendu des voix près de moi qui parlaient en allemand. Il était maintenant temps pour moi de tester ce mot magique et de voir ce qui se passerait. En retirant les couvertures de mon visage et en levant mon bras pour attirer l'attention, j'ai murmuré d'une voix rauque :

"Capitaine!"

Quelqu'un s'est penché sur moi, a examiné ma bandoulière et a dit : « Huhzo ! Il donna alors un ordre, et ma civière fut de nouveau ramassée, et je fus transporté à l'étage jusqu'à une chambre réservée aux officiers.

Ce "Open Sesame" m'a été d'une grande utilité à plusieurs reprises.

Mais l'hôpital de Saint-Quentin était un endroit horrible. Il y avait dans la salle un Français qui était furieux, et entre ses cris et ses éclats de rire, les gémissements des blessés et les réveils intermittents de mon propre délire, j'ai passé un moment des plus malheureux. Je pense que j'ai dû y rester environ deux jours et le lendemain de mon arrivée, j'ai été sensible pendant un moment.

Attenante à la salle et séparée seulement par une porte ouverte, se trouvait la salle d'opération, où se déroulaient en toute hâte les premières opérations. La scène était quelque chose que je ne pourrai jamais oublier. Un par un, nous avons été accueillis et les cris de douleur qui ont suivi étaient trop choquants pour être décrits. Entendre des hommes forts hurler de douleur est déjà assez angoissant ; mais les entendre crier, et voir ces cris tomber dans les oreilles d'hommes aux nerfs brisés attendant leur tour juste devant la porte ouverte, était terrifiant, épouvantable.

Tandis que les cris se transformaient en gémissements atténués, la civière revenait dans la salle et l'homme suivant y était transféré ; et nous avons donc attendu dans une agonie de suspense, d'horreur et d'effroi alors que nous nous rapprochions de plus en plus de notre tour.

Je ne souhaite plus tourmenter les sentiments de mes lecteurs en décrivant ce que j'ai ressenti lorsque ma civière a enfin été levée et que j'ai été posé sur la table d'opération. Je ne pouvais pas voir le sang qui régnait autour de moi, mais je murmurai à moi-même, comme j'eus l'occasion de le faire à d'autres occasions ultérieures et similaires :

"Dieu merci, je suis aveugle."

Il y avait une infirmière à Saint-Quentin dont le dévouement et l'humanité resteront longtemps dans les mémoires des nombreux officiers blessés britanniques et français qui sont passés par cette salle. Dans mon état à moitié étourdi, il me semblait avoir l'idée qu'elle était une sorte d'ange, dont la voix douce et les paroles réconfortantes étaient si apaisantes pour les blessés et nous inspiraient confiance dans nos conditions et notre environnement douloureux.

Vendredi, toujours avidement ma bouteille d'eau dans mes bras, j'ai été retiré de Saint-Quentin et placé dans un train-hôpital à destination de Hanovre. On m'a dit que c'était un train magnifiquement aménagé, doté de tous les appareils modernes.

Le voyage jusqu'à Hanovre dura deux jours et deux nuits, mais je ne m'en souviens de rien, car je crois que j'étais inconscient pendant tout ce temps.

Je me souviens, juste avant de partir, qu'on m'ait présenté une musette de la Croix-Rouge française, pleine de choses extrêmement utiles : une chemise de nuit, des mouchoirs, des biscuits et autres objets similaires. J'ai toujours la musette. Je l'ai emporté partout où j'allais en Allemagne et je ne l'ai jamais laissé quitter ma possession.

Le dimanche matin 17 septembre, le train arriva à Hanovre et les blessés furent transportés et laissés un moment sur le quai.

Certaines filles semblaient occupées à donner des rafraîchissements aux blessés. Une fille s'est approchée de ma civière, a tiré la couverture qui me couvrait le visage et a poussé maladroitement le bec d'une tasse contenant du café dans ma bouche. Je pensais qu'elle essayait de me nourrir avec une sorte de théière. La cafetière est tombée de ma bouche et le café a coulé dans mon cou.

Un homme l'a ramassé et l'a porté à mes lèvres et m'a permis de le siroter. Je lui en étais très reconnaissant, car j'avais cruellement besoin de subsistance. Il m'a parlé très gentiment.

Je l'ai remercié à voix basse et lui ai demandé s'il était officier.

Il a répondu en anglais : « Non, je suis serveur. »

Je pense que je suis redevenu inconscient. C'est plutôt dommage, car si j'avais été plus fort, l' humour de la remarque m'aurait amusé.

CHAPITRE XXI
VIVANT

Ce fut la première nuit après mon arrivée à Hanovre que je retrouvai vraiment complètement un état de conscience.

Bien que j'aie enregistré plusieurs incidents de la semaine qui venait de s'écouler, ce n'étaient que des aperçus occasionnels d'où je retombais à nouveau dans l'inconscience, et cela ne me revenait que d'une manière floue, comme les rêves au cours d'une longue nuit de sommeil. .

Mais je me souviens bien du moment où je me suis enfin réveillé et où j'ai pu observer ce qui m'entourait. C'était tôt le matin. Il me semblait avoir fait des rêves effrayants ; l'horreur de ce que j'avais vécu avait été un cauchemar effroyable, se moquant de moi, se moquant de moi, me mettant en pièces.

Je me suis retourné sur le côté. Étrange endroit ce trou d'obus ; cela semblait très confortable. Qu'est-ce que je touchais : un oreiller, des draps. Bon dieu! J'étais dans un lit ! Au fur et à mesure que mes pensées devenaient plus claires , je restais parfaitement immobile, presque de peur que le moindre mouvement que je pourrais faire ne me réveille de ce beau rêve.

Il y a très, très longtemps, quelque chose d'effroyable s'était produit, dont il était impossible de secourir. Pourtant, c'était sûrement un lit.

Puis je me suis souvenu de l'attaque qui avait eu lieu sur mon corps alors que j'étais étendu dans le No Man's Land ; des obus qui avaient éclaté autour de moi pour protester violemment contre ma présence. Je n'aurais pas pu m'échapper ; Je dois être mutilé.

Avec précaution, je commençai à palper mes membres, mes bras, mon corps, mes pieds, mes doigts ; ils étaient tous là, intacts. Toute la vérité m'est apparue : Mon Dieu ! J'étais en vie!

Je me suis assis dans mon lit ; J'avais envie de crier et de danser de joie. J'avais un bandeau autour de la tête : j'étais aveugle ! Oui, je le savais, mais il n'y avait rien de vraiment grave chez moi à part ça. Le simple fait de n'être qu'aveugle semblait en comparaison un luxe.

J'étais aveugle! Mais une joie indescriptible – quelle était cette trivialité – j'étais en vie ! vivant!

Oh mon! Je ne savais pas auparavant que la vie était si merveilleuse. Est-ce que d'autres personnes ont compris ce qu'était la vie ? Non; il faut être mort pour comprendre ce que valait la vie. Je dois dire à tout le monde à quel point tout cela est merveilleux.

Mais où étais-je ? Je n'entendais aucun coup de feu : un lit ? Il n'y avait pas de lits à l'avant. Je n'aurais pas pu tout rêver ; cela devait être vrai ; sinon j'aurais dû pouvoir voir.

Où pourrais-je alors être ? Oh mon Dieu! Oui, je sais, je suis prisonnier de guerre !

Mais même cette connaissance, qui me calmait pour le moment, ne pouvait réprimer mon exaltation. J'ai été sauvé ! J'étais en vie! Aucune douleur ne me déchirait les membres ; aucune terreur n'a provoqué mon cerveau.

Mais j'étais faible et épuisé. Oh, comme j'étais faible ! Quelle faim ! Mais qu'en est-il, j'étais en vie !

Et où était l'Angleterre, si loin, si loin… Je dois y aller immédiatement, tout de suite. Non, je ne peux pas ; Je suis prisonnier.

Comme certaines personnes sont malheureuses et n'ont pas le droit de l'être. Ils ne peuvent pas savoir à quel point la vie est merveilleuse. Oh, comme c'est merveilleux de mourir, puis de revivre.

Je suis seulement aveugle ! Imaginez-le ! Qu'est- ce que c'est ? ce n'est rien du tout, comparé à la vie ; et quand je serai guéri et fort, je ne serai plus aveugle.

Je ne retrouverai peut-être pas la vue, mais ce n'est pas grave, j'en rirai, je le défierai. Je continuerai comme d'habitude ; Je vais le surmonter et vivre la vie qui m'a été rendue.

Je serai heureux, plus heureux que jamais. Je suis vivant dans un lit. Oh mon Dieu! Je suis reconnaissant!

CHAPITRE XXII
CÉCITÉ

Comme nous sommes imprudents en parlant de la mort ! Nombreux sont ceux qui diraient qu'ils préféreraient la mort à la cécité ; mais plus la mort approche, plus la comparaison entre la finalité de l'une et l'affliction de l'autre devient grande.

Cependant, ces hommes qui ont affronté la mort sous de nombreuses formes effrayantes et l'ont esquivée ; a subi les horreurs de son approche, mais l'a trompé ; qui ont attendu son inévitable triomphe, puis lui ont échappé ; qui ont vécu avec lui pendant des jours, parant sa poussée, échappant à son emprise ; tout en ressentant la force irrésistible de sa puissance ; les hommes qui ont subi ces horreurs et s'en sont sortis sans autre chose que la perte du merveilleux don de la vue, peuvent se permettre de traiter cette affliction à un moindre degré, considérant le caractère sacré de la vie comme une chose précieuse et sacrée au-delà de toutes choses.

Même la perte du grand don de Dieu, la vue, cesse de devenir un fardeau ou une affliction en comparaison de la joie indescriptible de la vie arrachée à la mort.

Il y a des hommes, et nous les connaissons par dizaines, qui regardent constamment la vie à travers les fenêtres sombres d'une existence insatisfaite ; dont la conscience est ennemie de leur propre bonheur ; ceux qui ne regardent que le côté obscur de la vie, rendu encore plus sombre par leur propre tempérament.

De tels hommes, et vous pouvez les reconnaître à leur apparence et à leur expression, qui construisent un mur artificiel de troubles, pour fermer le paradis naturel de l'existence ; Ces hommes qui jonglent avec la joie de vivre jusqu'à sentir qu'ils préféreraient mourir, ne savent pas et ne réalisent pas le sens de la vie et de la mort avec lesquelles ils se moquent.

Pensons seulement à la gloire de la vie ; pas des pénalités insignifiantes qui peuvent nous être exigées en paiement, et que nous sommes si enclins à amplifier jusqu'à nous demander si le grand don de la vie en vaut vraiment la peine .

Ne pensons pas à nos désavantages, mais à ces grands dons que nous avons le bonheur de posséder ; éduquons-nous à un sens élevé de gratitude pour les dons que nous possédons, et même une affliction devient facile à supporter.

Me voici, âgé de trente-six ans, fier de ma santé, de ma force et de mon énergie, et soudain frappé de cécité !

Et quels sont mes sentiments ? Même une telle catastrophe apparente ne me révolte pas. Je ne peux plus conduire, courir ou pratiquer aucun des sports vigoureux dont l'amour est si insistant chez l'homme en bonne santé. Toutes ces choses vont me manquer, mais je ne suis pas déprimé.

Ne suis-je pas, après tout, mieux loti que celui qui est né aveugle ? Avec la perte de la vue, je suis devenu imprégné du don d'appréciation. Quel est mon inconvénient comparé à l'affliction d'être aveugle depuis ma naissance.

Depuis trente-six ans, je m'étais habitué aux vues du monde, et maintenant, bien qu'aveugle, je peux me promener dans le jardin par une journée ensoleillée ; et mon imagination peut le voir et prendre la photo.

Je peux parler à mes amis, savoir à quoi ils ressemblent et, à travers leur conversation, lire l'expression de leurs visages. J'entends le trafic d'une artère très fréquentée et mon esprit reconnaîtra la scène.

Je peux même aller au spectacle ; entendre les blagues et écouter les chansons et la musique, et comprendre ce qui se passe sans éprouver le sentiment de mystère et d'émerveillement qui doit être le lot de celui qui a toujours été aveugle.

Et le plus grand cadeau de tous, mon sentiment de gratitude, qu'après avoir traversé la mort, je sois en vie !

CHAPITRE XXIII
LA FEMME QUI ATTEND

LES CONSEILS DU TELEGRAPH BOY. TUÉ EN ACTION. SEMAINES DE DEUIL

Pendant ce temps, que se passait-il à la maison ? Quelle interprétation avait été faite de mon absence ?

Plusieurs semaines plus tard, après que ma première lettre soit arrivée à la maison comme un message d'un mort, une carte postale me fut remise par mon père, qui semblait faire écho au sanglot d'un cœur brisé. C'était le premier message arrivant de l'Angleterre que j'aimais tant et de ma maison à laquelle j'aspirais.

Les lettres de tous les membres de ma famille accouraient vers moi ; mais tous furent retardés, à l'exception de la seule carte postale, qui ne me parlait que trop clairement du drame domestique résultant de mon absence.

Le message, écrit d'une main tremblante, disait brièvement : « Mon fils, depuis quatre semaines nous te pleurons comme mort ; que Dieu te bénisse ! »

Dans le désespoir de mon cœur, ma cécité et mes liens de captivité semblaient s'accroître. Dans ce simple message, j'ai réalisé la terrible vérité, toute la signification de la tragédie qui avait suivi ma chute.

Quelle avait été ma souffrance par rapport à la leur ? Après tout, j'étais un soldat et le mien était un devoir. Mais ceux qui attendent chez eux, qu'en est-il d'eux ?

Les lettres qui suivirent confirmèrent mes pires craintes. J'ai tremblé et j'ai pleuré comme un enfant.

Comme ils avaient tous été courageux ! Comme ma vie semblait indigne de justifier la force héroïque et la souffrance silencieuse que ces lettres dévoilaient ! Qu'étaient quelques balles comparées au courage et au sacrifice silencieux des femmes britanniques, qui n'étaient pas entraînées à supporter de tels chocs ? Quelle douleur physique pourrait être comparée à une telle angoisse comme la leur ?

Le premier avertissement est parvenu chez moi par une lettre revenue de France, non livrée, et portant un bordereau contenant ces mots dactylographiés : « Tué au combat le 9 septembre ».

Trois jours plus tard, on frappa à la porte et un télégraphiste remit un télégramme qui disait :

"Je regrette profondément de vous informer Cap. HG Nobbs —— London Regiment, tué au combat le 9 septembre."

et aussi un autre télégramme :

"Le roi et la reine regrettent profondément la perte que vous et l'armée avez subie suite à la mort du capitaine Nobbs, au service de son pays. Leurs Majestés sympathisent profondément avec vous dans votre chagrin.

"Gardien de la bourse privée."

Le lendemain matin, mon nom figurait sur la liste officielle des victimes sous le titre : « Tué au combat ».

Des lettres arrivèrent du front confirmant ma mort et décrivant même les circonstances de ma mort.

De telles choses sont inévitables dans la guerre moderne ; et seuls ceux qui comprennent les conditions et les difficultés peuvent apprécier la possibilité d'éviter des erreurs occasionnelles. Je suis surpris que les erreurs dans les rapports sur les victimes ne soient pas plus fréquentes, et cela témoigne bien du soin apporté par les responsables de cette tâche.

C'est extrêmement difficile, et des erreurs occasionnelles ont tendance à être largement annoncées et à donner une fausse impression. Pensez à la tâche des centaines et des milliers de victimes ; et les erreurs, terribles malgré les souffrances qu'elles peuvent entraîner, sont comparativement insignifiantes.

Mais j'ai éloigné le lecteur de mon histoire.

Ils me croyaient mort. Oui; tué en action. Il n'y avait aucun moyen d'y échapper ; je n'ai pas besoin de décrire les larmes et le chagrin. Ceux qui souffrent doivent supporter leur chagrin en silence – plus d'honneur pour eux.

Des avis nécrologiques parurent dans les journaux et des lettres et télégrammes de condoléances affluent.

Mes avocats ont pris possession de mes biens et ont expliqué leur contenu à ma famille.

Une maison de photographes, qui invitait généreusement les officiers à se faire photographier gratuitement, offrit alors la plaque contre rémunération aux journaux illustrés ; et alors même que j'écris ces lignes plusieurs mois plus tard, ma photo apparaît à nouveau dans le numéro de cette semaine d'un magazine illustré comme parmi les morts.

Bref, pendant les quelques semaines qui suivirent ma chute, je fus aussi mort et complètement enterré que l'exigeaient les conventions modernes.

Il est coûteux de mourir et de ne pas être mort, car les vêtements de deuil ne peuvent ensuite être cachés sous aucun autre déguisement ; et c'est un sentiment particulier d'être appelé à payer ses propres frais funéraires.

Et une fois que vous êtes officiellement mort, il est très difficile de ressusciter officiellement. Les mois ont passé et j'attends toujours la correction officielle.

Alors que je marche dans les rues de Londres, mes amis me regardent comme si j'étais un fantôme. J'ai l'impression d'être une excuse vivante pour l'erreur des autres.

Au magazine illustré auquel je viens de faire référence, j'ai écrit au rédacteur en chef pour assurer que j'avais toutes les raisons de croire qu'il avait tort dans ses affirmations. Il a répondu en joignant ma photo et en me demandant si j'étais sûr que je n'étais pas une autre personne, car la photo faisait référence à un officier qui était sûrement mort.

Peut-être même maintenant, je me trompe. Pourtant, je devrais le savoir.

CHAPITRE XXIV
QUARTIER 43, RÉSERVE LAZARETTE 5, HANOVER

OCCUPANTS DU QUARTIER. CHEVALERIE DE L'AIR

Avant la guerre, la réserve Lazarette 5 à Hanovre était une école militaire. Il est désormais utilisé pour les prisonniers militaires blessés et pour les soldats allemands souffrant de maladies vénériennes.

La même salle d'opération est utilisée pour tous les patients ; les prisonniers blessés recevant des soins le matin et les Allemands l'après-midi.

Il y a un jardin assez grand, qui n'est pas sans attrait, et les blessés sont autorisés à prendre l'air frais et à se promener s'ils le peuvent. Ainsi sont les patients allemands, ainsi que leurs visiteurs, les mardis et samedis, de 14 heures à 16 heures. Il n'y a pas de séparation entre les deux classes de malades, et l'honneur doit partager la compagnie de la honte dans leur captivité.

La salle 43 était autrefois une salle de billard, et la table de billard de petite taille est poussée contre le mur et utilisée comme table. Il y avait neuf lits dans la salle ; et quatre officiers britanniques et quatre français gisaient côte à côte en captivité.

L'amitié des deux grandes nations se reflétait dans les corps mutilés et rongés par la douleur de ces soldats couchés côte à côte, impuissants, sans plaintes, mais toujours champions de l'unité anglo-française. Leur cause est la même ; leur douleur est la même ; et ils gisaient côte à côte, comme ils étaient tombés côte à côte.

Je ne connaissais que peu les officiers français, car ils ne parlaient pas anglais et les Anglais ne parlaient pas français.

À ma gauche se trouvait un officier du Royal Flying Corps, le lieutenant Donnelly. Il avait été ramené sur terre après un combat à treize mille pieds dans les airs, contre cinq avions allemands. Avec son bras gauche désactivé et trois doigts tirés de sa main droite, et son moteur hors d'usage, il a plongé du nez au sol. Un avion allemand a piqué du nez après lui, tout en tirant pendant sa chute.

Avec seulement un doigt et un pouce pour manipuler son engin, il réussit à effectuer un atterrissage. Au moment où la terre fut touchée, les tirs cessèrent et les Allemands débarquant de leurs machines s'approchèrent de lui et le traitèrent avec courtoisie.

Il existe un esprit chevaleresque parmi ceux qui combattent dans les airs, comme peuvent en témoigner les deux camps. L'air seul est leur arène, et aucune des deux parties ne poursuivra un combat sur la terre ferme .

À ma droite se trouvait le lieutenant Rogan du Royal Irish Regiment, un homme robuste, qui avait été dans la Garde.

Il attaquait des Allemands qui résistaient vigoureusement lors de la lutte pour Guinchy ; et tandis qu'il s'élançait, un Allemand lui lança une grenade à main qui lui explosa au visage. Son œil droit fut enlevé à Saint-Quentin, et il recouvrait lentement la vue du gauche.

Dans le lit à côté de lui se trouvait un autre jeune officier du Royal Flying Corps, un garçon d'environ dix-huit ans, très petit et ne pesant qu'environ huit pierres. Mabbitt était son nom, sous-lieutenant Mabbitt ; et lui aussi s'était battu à plusieurs milliers de pieds dans les airs contre des obstacles désespérés, se fracturant la jambe lors de la chute.

Les aviateurs allemands semblent avoir pour habitude d'attendre qu'un seul avion anglais apparaisse en vue ; puis ils montent en un vol de cinq pour attaquer, et malheur à l'aviateur anglais qui se trouve être en train de planer au-dessus dans une machine lente.

Les actes de courage sont courants sur terre et sur mer ; mais les combats héroïques dans les airs sont une sensation nouvelle, avec des terreurs inconnues réalisées en un seul souffle ; et la jeunesse de notre pays le défie. Pourtant, qui est là pour raconter leurs actes s'ils tombent ?

Peu de temps après mon arrivée, deux officiers britanniques furent amenés, le lieutenant Wishart des Canadiens, qui avait une balle dans la jambe ; et le sous-lieutenant Parker, qui avait un trou dans la jambe gros comme une pomme et qui passait la majeure partie de la journée à déclarer qu'il était en pleine forme.

Mais l'occupant du lit restant était celui qui se faisait aimer du cœur de tous : il s'agissait de SANIEZ (prononcez Sanyea), notre infirmier. Mais Saniez doit avoir un chapitre à lui seul.

CHAPITRE XXV
SANIEZ

La réserve Lazarette 5, à Hanovre, ne comptait aucune infirmière hospitalière. Il n'y avait pas de contact tendre d'une main féminine pour apporter du réconfort et soulager la détresse des blessés. Il n'existait pas de régime délicat et nourrissant pour fortifier les faibles ; nous ne nous y attendions pas non plus. Nous étions prisonniers de guerre et, même si nos souffrances étaient grandes, nous étions toujours des soldats.

Mais ceux qui ont traversé la salle 43 se souviendront toujours avec gratitude et admiration de quelqu'un dont le dévouement désintéressé, les soins tendres et l'esprit magnifique ont été un exemple et une inspiration pour nous tous.

Il s'appelait Saniez , l'infirmier responsable de la salle ; une Florence Nightingale, dont l'attention incessante jour et nuit, dont la tendre vigilance, les soins et la gentillesse dévoués le rendaient aimé et adoré par les prisonniers mutilés et sans défense qui étaient placés sous sa garde.

Saniez n'était pas un homme ordinaire. Aucune récompense n'était pour lui, si ce n'est la sincère gratitude de ceux dont il s'occupait. Les blessés qui ont traversé la salle ont laissé derrière eux une dette de gratitude qui ne pourra jamais être payée, et avec un esprit de force et de courage créé par son noble exemple.

Il y a des compensations pour toutes les souffrances ; et aucune plus grande compensation ne pouvait être souhaitée que le dévouement de Saniez .

Saniez avait souffert aussi, mais il n'en parlerait jamais. Il a eu ses moments d'angoisse et de désespoir. Il avait aussi une maison ; mais il gardait ses rêves pour lui et ses soins, il les accordait aux autres.

Saniez était un Français, un grand artilleur costaud, aux yeux brillants, rieurs et sympathiques.

Il avait été capturé il y a près de deux ans ; et a gravement souffert des effets des pieds gelés. Pourtant, aussi pénible que cela ait dû être de se déplacer, il s'asseyait rarement.

Tout au long de ces longues journées et nuits, des voix faibles l'appelaient : c'était toujours : « Saniez , Saniez ! et slop, slop, slop, nous l'entendions dans ses pieds chaussons , se déplaçant dans la salle, s'occupant de l'un puis de l'autre.

Saniez serait calme et sympathique, avec une voix douce et apaisante ; et l'instant d'après, joyeux et bruyant. La captivité ne pouvait pas maîtriser Saniez , ni faire de lui autre chose qu'un fidèle soldat français.

Il protégeait ses patients contre les attouchements maladroits d'un infirmier allemand comme un tigre gardant ses petits. Il soudoyait ou volait pour obtenir une petite friandise pour ses patients.

Il semblait ne connaître qu'un seul mot allemand, qu'il utilisait à chaque occasion pour exprimer son dégoût des Allemands. C'était un mot d'argot, mais lorsque Saniez l'utilisait, son unique énoncé était un volume d'expression. C'était NIX , et comme Saniez ne disait rien, je savais qu'il secouait sa tête laineuse avec dégoût.

Saniez avait une voix merveilleuse et quand il chantait, il nous tenait en haleine et il le savait. Je ne parle pas français et je ne comprenais pas ses paroles, mais son expression était merveilleuse ; et il agitait ses bras avec des gesticulations frénétiques.

Lorsque Saniez chantait, il semblait s'élever dans une atmosphère différente ; il était de retour en France ; ses chansons semblaient toutes parler de son pays et de sa maison. Il semblait se réveiller dans un soudain esprit de défi, et alors sa voix devenait douce et pathétique ; et puis slop, slop, slop, dans ses pieds chaussés , il se précipitait au chevet du lit pour réparer un pansement ou lui faire boire de l'eau.

Chaque matin, on pouvait entendre des soldats allemands défiler devant nos fenêtres en chantant leurs chants nationaux. Nous écoutions; Saniez arrêterait son travail. Ce que nous voulions dire, nous le laissions à Saniez , qui, balai à la main et yeux de feu, attendrait que leurs voix s'éteignent au loin, puis, avec un violent hochement de tête, il crierait : « Boche ! Rien ! " et, se passant les bras autour de la tête, il chantait la Marseillaise.

Un soir, et je m'en souviens bien, bien qu'aucune de mes plumes ne puisse décrire de manière adéquate ce tableau émouvant, nous avons eu un concert dans le quartier 43. Quatre officiers britanniques et quatre officiers français, symbole de l'Entente Cordiale, étaient couchés côte à côte dans leurs lits, tandis que les convalescents des autres quartiers s'asseyaient devant pour les encourager avec des chants et de la musique.

Les Alliés semblaient bien représentés : un Tommy anglais avec une guitare chantait une chanson comique ; un soldat russe, armé d'un instrument à cordes à trois pointes, chantait une chanson folklorique de son pays natal ; un soldat belge jouait du violon ; et Saniez a chanté pour la France.

Les applaudissements qui saluèrent la fin de chaque chanson furent mitigés ; car ceux dont les bras étaient mutilés criaient, et ceux qui ne pouvaient pas crier se cognaient sur une chaise ou frappaient dans leurs mains. C'était une scène patriotique et inspirante, et même l'infirmier allemand, venu voir ce qui se passait, était tenté de s'arrêter et d'écouter.

Nous sentions que nous n'étions plus prisonniers ; l'esprit des Alliés était invincible.

L'enthousiasme a atteint son paroxysme lorsque Saniez l'a amené à une conclusion dramatique. Saniez venait de terminer une chanson inspirante de son pays natal. Son public n'a pas pu retenir ses applaudissements jusqu'à ce qu'il ait terminé, et Saniez n'a pas pu retenir son esprit jusqu'à la fin des applaudissements. Il leva brusquement les bras, et, à pleine voix, entonna la « Marseillaise », et l'infirmier allemand s'élança hors de la porte.

Puis le groupe de concert courut vers leurs dortoirs ; les lumières étaient éteintes et nous cherchions la sécurité dans le sommeil.

Le capitaine Nobbs après sa sortie de prison allemande.

Nous avions l'habitude d'interroger Saniez sur sa maison ; et il semblait devenir calme et confiant. Sa maison, dit-il, se trouvait à environ cinq kilomètres derrière la ligne allemande.

Quelqu'un a suggéré que l'endroit se trouvait dans un endroit dangereux, car les Britanniques avançaient, et qu'aucune maison proche de la ligne ne pouvait s'échapper sans être touchée ; mais Saniez était confiant.

Non! les obus ne pourraient pas l'endommager. Sa femme et sa sœur y vivaient ; c'était sa maison. Il était prisonnier, mais quoi qu'il lui arrive, la fureur combinée des nations ne pouvait atteindre sa maison.

Saniez ! Saniez ! Puissiez-vous ne jamais vous réveiller de votre rêve !

CHAPITRE XXVI
LA VIE À L'HÔPITAL DE HANOVRE

RÉGIME HOSPITALIER. INTERVIEWÉ PAR UN MÉDECIN ALLEMAND. SORTIE DE L'HÔPITAL

Le régime alimentaire à l'hôpital peut difficilement être qualifié de adapté aux invalides. En même temps , c'était substantiel par rapport à ce qu'on recevait dans les camps de prisonniers. Pour le petit-déjeuner, nous avons reçu du café, accompagné de deux très petits petits pains croustillants, chacun de la taille d'une mandarine ; chaque rouleau coupé en deux, et un léger soupçon de confiture placé entre ; pour le déjeuner, une tasse de café, un petit pain et du fromage très fort, tout à fait impropre à la consommation. Le dîner était généralement assez bon, composé de soupe, d'un peu de viande et de légumes, et d'une compote de pommes ou de groseilles. A 3 heures une tasse de café et un petit pain ; à 6 heures, dîner composé de thé sans lait, de fromage fort, de saucisses ou de muscles allemands et d'une tranche de pain.

Pour ce régime, nous payions quatre-vingts marks par mois.

Un officier reçoit du gouvernement allemand une solde selon le barème suivant : lieutenant, soixante marks par mois ; capitaine, cent marks par mois. Le gouvernement allemand récupère les paiements auprès du gouvernement anglais et les impute sur la solde des officiers en Angleterre.

Aucune nourriture n'est fournie gratuitement aux officiers, que ce soit à l'hôpital ou dans le camp ; et ils ne peuvent rien acheter au-delà du numéro régulier.

À l'exception du dîner, j'ai trouvé la nourriture de très peu d'utilité pendant la première semaine ou les deux premières semaines, car ayant perdu la puissance de ma mâchoire et étant incapable de l'ouvrir de plus d'un demi-pouce, je ne pouvais pas m'attaquer à la nourriture. les petits pains, et ce qui ne pouvait pas être mangé devait être laissé ; il n'y avait pas de substitut.

Il y avait un autre régime, dans lequel le café était remplacé par du lait chaud, ce qui aurait été très souhaitable, sauf que le dîner consistait en une substance sale et très désagréable.

La première semaine donc, je n'avais pratiquement qu'un seul repas par jour, le dîner ; mais ensuite, à force de passer d'un régime à un autre, j'ai réussi à obtenir le dîner du No. 1 régime, et le lait du No. 2.

Il y avait une cantine à l'hôpital où étaient proposés à la vente des cigarettes, des chocolats, des biscuits et des œufs.

Les biscuits n'ont jamais été en stock ; le chocolat, bien que cher, était si fin qu'il n'y en avait rien ; et les cigarettes étaient immuables .

C'était une triste journée où nous ne pouvions plus avoir d'œufs. Avant, nous dépendions des œufs pour le dîner ; car le fromage était immangeable, le brun suspect et la saucisse ressemblait à du linoléum bouilli. La saucisse allemande, dans le meilleur des cas, est sujette à controverse ; mais la saucisse allemande dans un pays bloqué depuis deux ans et demi mérite une réflexion sérieuse.

Les soins chirurgicaux étaient bons, même si les prisonniers russes qui aidaient avaient tendance à être rudes ; et comme ni le médecin allemand ni son assistant russe ne pouvaient se comprendre, et que les blessés ne pouvaient ni comprendre, ni être compris à leur tour, la situation était parfois difficile.

Le médecin visitait chaque lit à 8 heures du matin tous les matins pour s'enquérir de l'état de la plaie ; mais quoi que vous ayez à dire – ce qu'il ne comprenait bien sûr pas – la réponse était toujours : « Goot, Goot ».

Un jour, nous avons vu des drapeaux flotter au-dessus de la ville et ce soir-là, pour le dîner, on nous a donné un œuf dur. On nous a dit que c'était l'anniversaire de l'Impératrice. Nous nous demandions avec inquiétude quand le Kaiser et le prince héritier fêteraient leur anniversaire.

Quelques jours après mon arrivée à Hanovre, on m'arracha l'œil droit, et le lendemain le médecin m'informa, par l'intermédiaire d'un interprète, que je serais renvoyé en Angleterre. J'ai demandé quand je devrais être envoyé et on m'a répondu dans trois ou quatre semaines.

C'est à cette époque que j'ai commencé à développer un appétit insatiable pour les choses sucrées. J'ai constaté que beaucoup ont vécu la même expérience, après une période de privation consécutive à leurs blessures. J'achetais toute la confiture, le chocolat et le caramel que je pouvais trouver et qui arrivaient par colis aux autres prisonniers. Quand j'écrivais chez moi pour qu'on m'envoie des colis, je ne parlais guère de nourriture, devenue par la suite si nécessaire, mais je demandais des friandises.

Mais ce dont j'avais le plus besoin, c'était d'argent. Quand on m'a récupéré, je n'avais sur moi que deux francs en espèces , que j'ai échangés contre un mark et soixante pfennigs, ce qui, avec cinq marks que j'ai pu emprunter, m'a permis de tenir un certain temps. Mais il n'y en eut bientôt plus, et je me retrouvai sans un sou, et sans salaire pendant six semaines.

Environ dix jours après mon arrivée à Hanovre , j'ai pu m'asseoir dans le jardin et à partir de ce moment-là, j'ai commencé à me soigner.

Saniez m'habillait et son œil vigilant était sur moi partout où j'allais.

Parfois, l'après-midi, je m'asseyais près du feu. J'aimais m'asseoir près du feu, parce que sa chaleur me faisait croire à tort que je pouvais distinguer la lumière. Si j'étais plutôt tranquille , Saniez venait à mes côtés et je sentais qu'il m'observait. Alors il parlait, et chacun trouvait un mot pour faire comprendre à l'autre :

"Une cigarette, capitaine ?"

" Oui , Saniez ."

Il prenait une de ses propres cigarettes, la mettait dans ma bouche et l'allumait.

Je ne pouvais ni le goûter ni le sentir ; mais ça a plu à Saniez , alors je l'ai pris.

"Très bien, Capitaine, bouffée, bouffée !"

" Oui , Saniez , très bien."

"Très bien, bien. Monsieur Parker dit : 'Les plateaux ont été '.' Blague, ah, bonne blague !"

Il s'éloignait, mais me regardant toujours de loin, revenait bientôt et posant sa grande main sur mon épaule, il disait :

"Canapé, Capitaine ?" et me conduisant à mon lit, m'y étendais et me bordait soigneusement pour la nuit.

Il y avait un sous-officier allemand employé à l'hôpital qui était vraiment un bon type. Il parlait bien anglais, ayant travaillé dans des hôtels anglais avant la guerre.

Il s'asseyait parfois près de mon lit pour discuter :

« Où avez-vous été blessé, Capitaine ? il a demandé un jour.

"Bois de Leuze sur la Somme", répondis-je.

"Un endroit épouvantable, une guerre épouvantable, Capitaine."

"Très!"

"Ce n'est plus un combat maintenant ; c'est un meurtre, des meurtres des deux côtés – ouais."

"Es-tu déjà allé au front ?"

"Non, je ne veux pas non plus, je n'aime pas être soldat. Les Allemands en ont marre de la guerre, mais ils doivent faire ce qu'on nous dit. Capitaine, vous et moi pourrions régler cela en cinq minutes."

"Je n'en suis pas si sûr ; c'est presque réglé pour moi."

fil des semaines, j'ai commencé à attendre avec anxiété et sérieux des nouvelles de mon échange ; mais trois semaines s'écoulèrent, puis les quatrième et cinquième semaines, et toujours aucune nouvelle. Vers la septième semaine, Saniez fit irruption dans la salle un matin et se précipita vers mon lit.

"Bon jour, Capitaine. Bien, bien ! Bureau, vite", et il commença à m'habiller précipitamment.

Je devais me présenter immédiatement au bureau. J'attendais cela et je rêvais de ce moment depuis des semaines.

Saniez le savait aussi, et alors que je franchissais la porte , je l'entendis crier :

" Angleterre , Capitaine ; très bien ! "

J'ai attendu à l'extérieur du bureau pendant environ une demi-heure. Wishart, des Canadiens, était à l'intérieur, et bientôt il sortit pour me chercher :

"Ils veulent vous voir à l'intérieur. À votre avis, qui est là-dedans ?"

"Je ne sais pas... qui ?"

"Docteur Pohlmann. Il supervise tous les camps de prisonniers appartenant à la Dixième Armée. Nous devons nous rendre dans un camp de prisonniers."

Mes espoirs ont été anéantis.

Ho m'a fait entrer et je me suis assis devant le docteur Pohlmann, qui parlait un excellent anglais, et je lui ai expliqué qu'il était docteur en langues.

Il remplit un formulaire, me prenant des détails sur mon nom, mon régiment et les détails habituels ; puis, se tournant vers Wishart, il lui dit de partir.

J'ai commencé à sentir que je traversais une période difficile. Pourquoi le docteur Pohlmann a-t-il voulu me parler seul ?

Je m'assis devant lui en silence, trop déçu de la tournure que les événements avaient pris pour me soucier de ce qui s'était passé. Mais aussitôt la porte fermée , il se tourna vers moi et ses remarques me surprirent au-delà de toute mesure. Pas une seule question ne m'a été posée pour obtenir des informations.

"Capitaine, vous êtes complètement aveugle ?"

"Oui, tout à fait."

"Je suis désolé, je ne savais pas que tu étais aveugle."

Il semblait plutôt sympathique. Non pas que je le veuille de sa part, mais j'étais tellement soulagé d'échapper au contre-interrogatoire que je me sentais assez contrarié.

Il poursuit : "Les gens de l'hôpital disent que vous êtes prêt à être renvoyé. Lorsque vous partez d'ici, vous êtes sous ma responsabilité. Ils ne m'ont pas dit que vous étiez aveugle. Je n'ai pas d'endroit approprié où vous mettre ; je ne sais pas où vous mettre. t'envoyer."

"Si vous me le permettez, je peux vous suggérer un endroit."

"Ah, oui, je sais, Angleterre. Bien sûr, tu y seras envoyé à temps, mais en attendant, je dois m'occuper de toi. Je t'enverrai où tu voudras. Tu peux choisir ton propre camp. Quel camp veux-tu "Tu veux y aller ?"

« Quels camps avez-vous ? »

"J'ai Gottisleau , Osnabruck, Blenhorst ."

"Eh bien, c'est très gentil de votre part de me donner le choix ; mais pour moi, ils se ressemblent tous. Comment puis-je choisir ?"

"Avez-vous des amis dans l'un ou l'autre ?"

"Eh bien, vraiment, les noms sont inintelligibles ; je ne pouvais même pas les répéter. Le lieutenant Rogan a été renvoyé la semaine dernière. Où est-il allé ?"

"Ah, il est allé à Osnabruck. Bon camp ! Bon commandant ! Je vous enverrai là-bas, vous et Wishart, et je m'arrangerai pour vous mettre tous les trois dans une même pièce. Si je peux faire quelque chose pour vous à tout moment, faites-le-moi savoir. "

L'entretien était terminé. C'était un type plausible et il connaissait probablement son travail.

Alors que je m'apprêtais à quitter l'hôpital, Saniez a insisté pour emballer lui-même mes vêtements. Je n'y pensais pas à ce moment-là, mais lorsque j'ai déballé mes vêtements au camp, j'ai trouvé caché à l'intérieur un petit paquet de sucre. Puis j'ai compris Saniez .

Wishart et moi, on nous a dit que nous pouvions soit marcher jusqu'à la gare, soit payer la location d'une voiture. Nous sommes allés à la gare à cheval, en riant, en discutant et en fumant des cigares que nous nous procurions à la cantine.

CHAPITRE XXVII
OBSERVATIONS ET IMPRESSIONS

EMPLOI DES PRISONNIERS. COLIS. HOMMES DE MONS

Lorsque j'ai pris conscience pour la première fois qu'il y avait une probabilité que je sois échangé , je me suis mis au travail pour rassembler toutes les informations possibles.

J'ai été en contact avec bon nombre de simples soldats et, en causant avec eux, je me suis profondément intéressé à la valeur commerciale des prisonniers de guerre ; car il me paraissait évident que dans un pays où il y avait plus d'un million de prisonniers, les possibilités étaient illimitées ; et les autorités allemandes semblaient, avec une organisation professionnelle , tirer le meilleur parti de leurs opportunités.

L'ampleur sans précédent du nombre de prisonniers faits pendant la guerre actuelle a soulevé un problème unique dans les annales de l'histoire. Plus vous faites de prisonniers, plus vous devez nourrir de bouches ; et plus grande devient la force humaine nécessaire à leur surveillance.

Avec le nombre toujours croissant de prisonniers , le problème prend une ampleur énorme et peut soit prendre des proportions embarrassantes, soit être mis à profit par une approche scientifique.

En Angleterre, depuis plus de deux ans , nous enfermons nos prisonniers derrière des baïonnettes et des barbelés. Les ressources financières du pays ont été dépensées pour nourrir les mains inoccupées, en fournissant de la nourriture sans remboursement, à un moment où les problèmes alimentaires et de travail de la nation deviennent ses problèmes les plus graves.

Pendant plus de deux ans, nous avons laissé la question sombrer dans l'obscurité, jusqu'à ce qu'aujourd'hui, dans notre propre pays, la seule partie de la société qui ne s'inquiète ni ne participe au problème de la vie et de la subsistance quotidienne soit le prisonnier allemand parmi nous ; et pourtant, aujourd'hui, une grande partie de ce qui devrait être notre puissance de combat est gardée hors de la ligne de feu pour subvenir aux besoins de la nation et nourrir la bouche de nos prisonniers oisifs.

Il ne nous est jamais venu à l'esprit, ou si cela s'est produit, nous l'avons ignoré, que sans contrevenir au droit des gens, les prisonniers peuvent être amenés à se nourrir eux-mêmes et à être employés dans n'importe quelle industrie, à condition qu'ils ne soient pas mis à des travaux liés à la guerre. .

Il ne nous est jamais venu à l'esprit que nous détenons parmi nous bon nombre des secrets commerciaux d'un pays qui, depuis des générations, est notre rival en matière de commerce.

Il ne nous est jamais venu à l'esprit que l'Allemagne compte parmi elle des hommes qui détiennent les secrets commerciaux de notre empire et qui les apprennent jour après jour en employant nos hommes dans ses industries.

Si nous négligeons ce problème plus longtemps , nous constaterons peut-être que lorsque le monde reprendra ses activités commerciales normales, l'Allemagne, sur ce point en tout cas, aura remporté une victoire commerciale.

Les nations du monde sont en guerre. Mais les armées d'aujourd'hui sont des armées civiles, composées d'hommes ayant une formation industrielle et commerciale, et les prisonniers d'aujourd'hui sont des hommes de valeur commerciale et industrielle.

Nos adversaires n'ont pas tardé à le reconnaître . Nous semblons encore impressionnés par l'idée selon laquelle le soldat allemand parmi nous n'est qu'une simple machine de combat !

C'est vrai. Mais quand le moment est venu pour les civils de prendre les armes et de compléter la force de combat professionnelle, une machine de combat industrielle est tombée entre nos mains sous les traits d'un prisonnier militaire.

On a l'impression qu'un prisonnier militaire est un individu dont le seul désir est de s'échapper et de nous sauter à la gorge ; et que la sécurité de la nation nous oblige à le surveiller avec une baïonnette et à considérer chacun de ses mouvements avec suspicion.

Oui, je ne nie pas qu'un très grand nombre de prisonniers parmi nous seraient heureux de retourner dans leur pays, surtout s'il n'y avait plus de perspective d'avoir à se retrouver sur la ligne de mire des Britanniques. Mais laissez un homme oisif pendant des mois derrière des barbelés, comme un animal en cage, et vous encouragez bien plus son désir de fuite que si vous distrayiez son esprit par un emploi industriel.

N'avons-nous pas un fil de fer barbelé fourni par la nature qui entoure complètement notre pays ? Ne sommes-nous pas sur une île ?

J'ai eu de nombreuses occasions de parler avec nos hommes en Allemagne et d'obtenir des informations sur la manière dont les autorités allemandes profitaient du problème que nous évitions ou occupaient notre temps en vaines discussions.

Je vais prendre un exemple concret. Dans le camp de Hameln, le commandant a la charge de 50 000 prisonniers, dont 30 000 « vivent dehors » ! Ils s'entraînent en commandos dans les fermes, dans les usines, dans les ateliers ; en gros lots, en petits lots et même individuellement.

J'ai rencontré un homme qui travaillait seul dans l'atelier d'un charron. Il était charron de métier. Combien y a-t-il d'ateliers de charrons en Angleterre qui pourraient aujourd'hui se contenter d'un de ces charrons que nous gardons inactifs derrière des barbelés ?

Quelles informations l'employeur de cet homme a-t-il obtenues grâce à la façon dont le travail était effectué ? Comme la méthode pour obtenir de la main d'œuvre est simple : il suffit de se rendre au bureau du travail rattaché au camp de prisonniers le plus proche de votre atelier et de demander un charron. Vous faites fonctionner votre industrie et, ainsi, de la seule manière pratique, vous gardez le travail ouvert à l'homme qui est appelé sous les couleurs .

L'employeur ne verse aucun salaire à l'homme, mais le taux de salaire du syndicat local est versé au commandant qui l'approvisionne. Trente mille prisonniers d'un seul camp contribuant à l'industrie de la nation, et les salaires de 30 000 prisonniers contribuant aux frais de la guerre. Le prisonnier reçoit par l'intermédiaire du commandant 30 pfennigs (3 pence) par jour et est content de son emploi.

Un très grand nombre de prisonniers sont employés comme ouvriers agricoles , et il est tout à fait raisonnable de supposer que toute la nourriture fournie aux prisonniers, telle qu'elle est, est produite par le travail des prisonniers .

Des hommes qui avaient travaillé dans des fermes m'ont dit qu'ils étaient obligés de travailler de 4 heures du matin à 9 heures du soir. Dans certains cas, un ou deux seulement étaient employés dans de petites exploitations.

J'ai demandé à ces hommes pourquoi ils n'avaient pas saisi l'occasion de s'enfuir. Mais ils ont dit que même si le travail était dur , ils le préféraient ; car ils vivaient avec le fermier, qui les traitait bien s'ils travaillaient bien. Ils mangeaient à la table du fermier et n'avaient aucun sous-officier pour les intimider ; tandis que s'ils tentaient de s'échapper et étaient attrapés , ils seraient envoyés travailler dans les mines ou à d'autres tâches tout aussi impopulaires.

Un grand nombre d'entre eux sont employés dans les raffineries de sucre, les mines de charbon et les mines de sel, cette dernière tâche étant la plus redoutée ; car avec la nourriture qu'on leur donnait, leur santé s'est dégradée en quelques mois.

Le prisonnier anglais a déclaré que lorsque le groupe avec lequel il se trouvait était arrivé à la mine et avait vu ce qu'ils avaient à faire, ils avaient refusé de travailler. Leur garde les menaçait alors, et comme ils refusaient toujours, ils étaient emmenés dehors un par un, et les autres entendaient un coup de feu, puis un autre était emmené.

C'était un faux. Les hommes n'ont pas pu être intimidés et ont été renvoyés au camp.

C'est à une autre occasion que l'homme dont je parle fut mis au travail à la mine.

Un autre m'a demandé si je savais quelque chose sur 200 prisonniers allemands renvoyés travailler en France parce qu'ils n'étaient pas autorisés à travailler en Angleterre. Il a déclaré que lorsque les Allemands en ont eu connaissance, ils ont emmené 200 de nos hommes du camp de Doberitz et les ont envoyés travailler en Pologne en représailles.

Le travail là-bas n'était peut-être pas beaucoup plus dur, mais il était très pénible pour nos hommes, car il y aurait un retard considérable dans l'arrivée de leurs colis de nourriture en provenance d'Angleterre, et pendant ce temps, ils devaient subsister avec les maigres vivres fournis par leurs ravisseurs.

Les hommes semblaient recevoir des colis à une échelle très libérale. Certains recevaient plus que d'autres, mais ils étaient répartis en mangeant par portions de quatre ou six, ou un nombre similaire.

Je n'ai pas entendu parler de nombreuses plaintes concernant des colis non livrés, même si dans certains cas, des colis ont été manqués. Mais autant que je puisse l'assurer, ils n'ont pas été refusés de manière délibérée ou systématique ; et si l'on considère le nombre énorme de colis traités et la probabilité que les colis soient perdus à cause d'un emballage non sécurisé, le nombre de plaintes dont j'ai entendu parler semblait relativement insignifiant.

Les prisonniers russes semblaient être les moins pourvus et les colis qui leur étaient destinés étaient très rares. Ils vivaient ou plutôt mouraient des rations allemandes ; et lorsque les hommes devaient travailler ou rester en plein air toute la journée, une telle ration était une forme de torture.

Lorsque le liquide aqueux de l'eau de pomme de terre appelé soupe sortait des cuisines, des groupes de fatigue défilaient pour tirer le numéro de chaque gâchis.

Les prisonniers britanniques ne dépendaient pas entièrement de cette ration et laissaient les prisonniers russes porter le dixy pour eux, et en échange, ils recevaient une tasse de soupe des Tommies britanniques . Les Russes étaient tellement avides de ce petit « plus » que des centaines d'entre eux attendaient des heures dans le froid, espérant que quelques-uns obtiendraient le poste.

On ne peut pas parler avec ces Tommies britanniques et entendre parler de leurs difficultés sans ressentir une profonde admiration pour leur esprit indomptable. Vous pouvez faire prisonnier un soldat britannique, l'envoyer loin de la protection de son pays, mais il est britannique partout où il va et son courage et son ingéniosité ne peuvent être brisés.

Chaque fois que je rencontrais un homme prisonnier depuis le début de la guerre, je tenais à connaître son histoire pour connaître la vérité sur les atrocités dont j'avais entendu parler.

Il n'y avait aucun doute sur ces hommes. Je ne pouvais pas les voir mais il me semblait instinctivement les reconnaître , et si c'était mon imagination ou non, je ne peux pas le dire ; mais leurs manières semblaient distinctives et ils parlaient comme des hommes qui avaient beaucoup souffert et nourrissaient un juste grief, et vivaient pour le jour où ils se vengeraient. Comme me l'a dit un homme :

"Si jamais nous voyons un Allemand en Angleterre à notre retour, nous le tuerons."

Ces hommes furent pris à Mons ; capturés, pour la plupart, en se sacrifiant dans des combats d'arrière-garde pour sauver la principale armée britannique.

Ces hommes sont en captivité depuis deux ans et demi. Pensez-y ! Mais y pensons-nous suffisamment ou l'avons-nous oublié ?

Le britannique Tommy a une individualité qui n'est pas toujours comprise. Demandez-lui officiellement de témoigner de son traitement, et il restera assis sans dire un mot. Sortez votre cahier pour noter son témoignage et il ne pense à rien, mais quand même il en sait beaucoup.

Je sais que cela est vrai; car après mon échange, j'ai parlé à un soldat qui avait été échangé au même moment et il m'a dit qu'un fonctionnaire du gouvernement était venu interroger les hommes sur le traitement qu'ils avaient reçu en Allemagne. Au cours de notre conversation, il m'a dit que 200 de nos hommes avaient été mis au travail dans une usine Zeppelin. Je lui ai demandé s'il avait déposé cela comme preuve, mais il a répondu :

"Non, peu probable ; ils n'ont rien obtenu de moi."

Je lui ai demandé pourquoi, car c'était son devoir. Mais il a dit qu'ils lui auraient posé beaucoup plus de questions pour essayer de le nouer.

Quand je rencontrais un soldat capturé au début de la guerre , je l'invitais dans ma chambre quand il n'y avait personne. Nous nous asseyions devant le feu, buvions une tasse de cacao et fumions la pipe.

Je ne lui ai jamais posé de questions, mais je le laissais parler comme il en avait envie. Il y avait généralement une ou deux autres personnes dans la pièce, et lorsque nous commencions à sentir que nous nous connaissions et que nous étions amis dans l'adversité, il racontait son histoire à sa manière.

J'ai rencontré ces hommes à l'hôpital de Hanovre, au camp d'Osnabruck et au camp de Blenhorst. Je ne publierai pas leurs noms de peur de blesser leurs proches ; mais j'ai leurs noms et ceux des témoins qui ont entendu ces histoires, que je raconterai dans mon prochain chapitre.

CHAPITRE XXVIII
HISTOIRES DES HÉROS DE MONS

Les déclarations qui suivent, et qui m'ont été faites alors que j'étais prisonnier de guerre en Allemagne, ne proviennent pas de soldats choisis qui ont eu des histoires sensationnelles. Ce sont les seuls hommes que j'ai rencontrés qui étaient prisonniers au début.

Étant moi-même aveugle, je ne pouvais bien sûr pas voir les hommes à qui je parlais, mais leur ton m'impressionnait beaucoup comme étant des hommes qui avaient souffert en silence.

Il me fallait étudier très attentivement ce qu'ils disaient et l'imprimer dans ma mémoire ; et j'ai mis leurs déclarations par écrit dès ma libération, car il était totalement hors de question de transporter des déclarations écrites au-delà de la frontière.

Je n'ai rien écrit qui ne m'ait été dit ; Je n'ai pas non plus essayé d'embellir ou d'élargir les déclarations faites, ni de formuler les paroles des hommes d'une manière qui pourrait donner une impression exagérée de ce qui s'est passé.

Il est cependant tout à fait possible qu'un ou deux incidents que j'ai rapportés chez un homme fassent partie de l'histoire d'un autre. Mais on peut considérer comme un fait absolu que, prises dans leur ensemble, ces déclarations sont un véritable récit de la description que font ces hommes de leur expérience.

Les hommes n'étaient nullement excités. J'obtenais cette information en discutant de la manière ordinaire autour d'une pipe, chaque fois que les hommes avaient l'occasion de venir dans ma chambre pour discuter.

L'HISTOIRE DU SOLDAT ——, WEST KENT REGIMENT

"J'ai été capturé à Mons, monsieur. Je suis ici depuis plus de deux ans maintenant. Les choses ne sont pas aussi mauvaises maintenant qu'elles l'étaient au début.

"J'ai vu des choses que je n'oublierai pas facilement. Je les ai gardées pour moi parce que nous n'osons pas en parler.

"Certains de nos camarades ont vécu des moments terribles. Quand la guerre sera finie, tout Allemand rencontré en Angleterre par des prisonniers de guerre connaîtra un passage difficile. Il n'y aura plus besoin de nous retenir. Mon Dieu. , monsieur, ils ne s'en sortiront jamais vivants !

« Peu de temps après ma capture, un jour, 70 soldats anglais ont été emmenés du camp. Ils ne savaient jamais où ils allaient. Ils ont été emmenés dans une usine de munitions ; et lorsqu'ils ont découvert où ils se trouvaient, ils ont fait passer le message de refuser. travailler.

"Quand les Allemands leur ont dit ce qu'ils devaient faire, ils ont refusé. Leurs gardes les ont menacés et ont dit que ce serait pire pour eux s'ils ne le faisaient pas, mais ils ne voulaient pas bouger.

"Ensuite, ils furent emmenés et mis en rang contre un mur ; et un groupe de tir fut disposé devant eux avec des fusils chargés, mais aucun d'eux ne broncha.

"On leur a dit que s'ils n'allaient pas au travail , ils seraient abattus et que même si les tireurs se tenaient devant eux, aucun d'eux ne bougerait.

"La menace n'a pas été mise à exécution et ils ont été renvoyés au camp.

"Avant de commencer à recevoir des colis , nous avions du mal à vivre de la nourriture qu'ils nous donnaient. Tout ce qu'ils nous donnaient, c'était une tasse de café et deux tranches de pain noir le matin ; et pour le dîner et le dîner, une bassine de pommes de terre chaudes. " De l'eau. Elle était si fine et si faible que c'était comme de l'eau dans laquelle des pommes de terre avaient été bouillies. "

Le soldat dont la déclaration est reproduite ci-dessus a depuis été échangé en Suisse, en raison d'une blessure à la vue causée par le travail auquel il était employé pendant qu'il était prisonnier.

L'HISTOIRE DU SOLDAT —— DU RÉGIMENT DE LEICESTER

"J'ai été capturé lors de la retraite d'août 1914.

"Ma compagnie a été laissée en arrière-garde pour permettre au reste du bataillon de s'enfuir. Notre tranchée n'avait qu'environ deux pieds de profondeur. Bien que les Allemands avançaient très rapidement et en nombre énorme, nous n'étions pas autorisés à se retirer.

"Les Allemands nous ont chargés à trois reprises. Nous avons perdu tous nos officiers, et bien que nous ayons continué à combattre , ils sont arrivés en si grand nombre que ce devait être le corps principal, car ils étaient tout autour de nous, et la plupart des camarades ont été tués ou tués. blessés.

"Ils se sont également vengés de nous lorsqu'ils nous ont attrapés, car les soldats allemands chargés de veiller sur nous ont fait des choses terribles. Ils nous ont pris un par un et nous ont fait courir le défi.

"J'avais des bleus partout quand j'ai fini, tout comme les autres gars.

"Un type, alors qu'il courait le gantelet, a été frappé au visage par la crosse d'un fusil; son nez a été fracassé et son visage couvert de sang, et il est tombé à terre insensiblement. Ils l'ont jeté dans un fossé, parce qu'ils pensaient il était mort, mais il fut capable de sortir en rampant le lendemain matin.

« C'était horrible cette première nuit, et ils ne savaient pas quoi faire de nous. Ils nous ont fait rester debout toute la nuit dans un enchevêtrement de fils de fer, de sorte que nous ne pouvions pas marcher ni nous asseoir ; et il a plu. comme n'importe quoi toute la nuit.

"Ensuite, nous avons été mis dans des camions à bestiaux et envoyés en Allemagne, et pendant les deux premiers jours, ils ne nous ont donné ni nourriture ni eau.

"Le deuxième jour, nous nous sommes arrêtés à une gare et une femme est venue vers nous avec une grande boîte de soupe, et nous pensions que nous allions être nourris ; mais elle nous l'a apportée et a dit : 'Ugh, sales Anglais. ,' et je l'ai versé sur la ligne.

"J'ai été emmené à Soltau Lager ; et la nourriture qu'ils nous ont donnée consistait en une tasse de café aux glands le matin et un petit morceau de pain noir, qui durait toute la journée et ne faisait pas plus de deux bonnes tranches.

« Pour le dîner, nous recevions une bassine de soupe de pommes de terre très fine ; parfois nous y mettions une pomme de terre, et parfois non. Pour le dîner, nous prenions une tasse de café et nous étions censés préparer le pain pour le petit-déjeuner et le petit-déjeuner. souper.

"Les prisonniers étaient envoyés de Soltau en groupes de travail vers les agriculteurs, les usines, les mines de charbon et les mines de sel. Les mines de sel étaient les plus redoutées, et les gars qui y travaillaient depuis deux ou trois mois avaient l'air affreux. En fait, ils pouvaient ne restez pas là plus longtemps, ils sont tombés trop malades.

"J'ai moi-même été envoyé dans une mine de sel. Les heures ne sont pas longues, car il est impossible de rester couché plusieurs heures à la fois, et nous étions généralement élevés vers une heure. Ils ne m'ont pas gardé longtemps dans la mine. , parce qu'ils ont trouvé que je n'étais d'aucune utilité pour le travail.

"Ce n'est pas si mal dans les fermes, même s'il faut travailler de 16 heures à 20 ou 21 heures du soir. Mais la nourriture est meilleure, car on vit généralement à la table du fermier et on a la même chose que lui.

"Lorsque les prisonniers sont envoyés dans des groupes de travail, les employeurs doivent payer au gouvernement allemand le même salaire qu'il verse habituellement à un homme, et les prisonniers reçoivent du gouvernement allemand 30 pfennings (environ 3 pence) par jour."

"Le consul américain a-t-il déjà visité le camp ?" J'ai demandé.

"Oui, mais seulement une fois quand j'y étais."

« Étiez-vous libre de lui faire des réclamations si vous le souhaitiez ?

"Deux des gars l'ont fait, mais ils ont été punis pour cela.

"Avant sa visite au camp, un avis a été affiché indiquant que le commandant considérait qu'il n'y avait aucune raison de porter plainte et que tout homme déposant une plainte serait condamné à 14 jours d'emprisonnement.

"Quand il a appelé , nous avons été alignés en quatre compagnies et nous sommes restés au garde-à-vous pendant qu'il passait dans la file, demandant s'il y avait des plaintes.

"A ses côtés se trouvaient le commandant et un autre officier allemand."

L'HISTOIRE DU SOLDAT —— DU NORFOLK REGIMENT

"Je suis sorti avec le corps expéditionnaire original et j'étais en retraite de Mons, mais je n'ai été capturé qu'en octobre 1914.

« Les soldats allemands qui m'ont capturé m'ont plutôt bien traité. Ils m'ont donné une partie de leurs rations et m'ont permis de soigner nos blessés.

"Je venais de panser la jambe d'un homme du Cheshire Regiment, qui avait eu la moitié du pied arraché, lorsque tous les prisonniers reçurent l'ordre de se retirer.

"Un officier allemand est arrivé et nous a ordonné à tous les deux de reculer ; mais j'ai fait remarquer que l'homme du Cheshire était trop gravement blessé pour être déplacé sans aide. Il m'a ordonné de défaire le bandage, et lorsqu'il a vu l'état de la blessure, Il a sorti son revolver et l'a abattu, puis il m'a ordonné de repartir.

"Nous avons ensuite été envoyés en Allemagne et lorsque nous nous sommes arrêtés à la gare, des écoliers ont défilé sur le quai et nous ont lancé des objets.

« On ne nous a rien donné à manger et, à un poste, nous avons fait appel à un ecclésiastique qui parlait anglais ; mais il a dit que seuls les soldats allemands devaient être nourris et nous avons renoncé.

"J'ai été envoyé à Hameln Lager. J'ai été envoyé plusieurs fois avec des groupes de travail, et nous avons parfois été traités très durement, surtout quand il n'y avait qu'un sous-officier qui nous dirigeait.

"Le travail que je préférais était celui d'un agriculteur. Parfois, vous trouvez un type honnête, qui vous traitera bien, si cela vous convient. Le travail est dur et les heures très longues, mais vous vivez avec la famille et la nourriture est bien meilleure que celle que l'on trouve au camp, d'autant plus que certains agriculteurs ont de la nourriture cachée.

« Les sous-officiers sont très durs et ne reculent devant rien.

"Il y avait un avis dans le camp qui disait que nul n'avait le droit de refuser de travailler, et que seules les lois du gouvernement impérial allemand étaient reconnues ; et si quelqu'un refusait de faire ce qu'on lui disait, les gardes devaient autorité d'utiliser leurs fusils.

"Est-ce qu'ils les ont déjà utilisés ?" J'ai demandé.

"Je ne les ai jamais vus moi-même, mais un jour, un homme est entré dans le camp et a déclaré que juste avant d'être déplacé, l'un des hommes était harcelé par ses gardes, jusqu'à ce qu'il se retourne enfin et en renverse un. Les gardes ont immédiatement ils lui ont lancé leurs baïonnettes et il est mort le lendemain.

"Le consul américain a visité notre camp peu de temps après, et cet homme lui en a parlé, et il a été informé que l'affaire était déjà connue et faisait l'objet d'une enquête. Je ne sais pas s'il en est résulté quelque chose.

« Une autre petite astuce qu'ils utilisaient pour forcer les hommes à travailler dans les mines et ailleurs était de les faire sortir un par un sous une garde armée. Le reste d'entre nous entendait un coup de feu, puis ils en prenaient un autre ; un coup de feu était tiré, etc. Mais nous nous en sommes vite rendu compte, car nous avons découvert que c'était un faux.

"Une centaine d'hommes environ ont été emmenés du camp au début de la guerre pour travailler dans une usine, mais lorsqu'ils ont découvert qu'il s'agissait d'une usine de munitions, ils ont refusé de travailler. Ils ont été chacun condamnés à douze ou quinze mois d' emprisonnement . Je le sais avec certitude, car j'ai parlé aux hommes. Ils ont été très mal traités et l'un d'eux est aujourd'hui à l'hôpital, fou.

L'HISTOIRE DU SOLDAT —— DU MIDDLESEX REGIMENT, M'A RACONTÉE AU CAMP DE BLENHURST

"J'ai travaillé longtemps à Soltau Lager avant de venir ici. Nous avions l'habitude de manger une miche de pain noir par jour (2 livres) entre 10 hommes. La seule nourriture que nous avions était une sorte de café pour le petit-déjeuner, et le idem pour le dîner : pour le dîner, nous avions une bassine de soupe, presque imbuvable, de la lessive fine, et parfois des pommes de terre.

"Au début de la guerre, environ 60 de nos camarades ont été envoyés travailler dans une usine de munitions. Mais quand ils sont arrivés sur place et ont vu ce qu'ils devaient faire, ils ont refusé. Ils ont été menacés de toutes sortes de choses pour les rendre Ils ont ensuite été alignés contre un mur et plusieurs soldats allemands se sont tenus devant eux et leur ont dit que s'ils ne travaillaient pas, ils seraient fusillés. Ensuite, ils ont fait une démonstration de chargement et ont apporté leurs fusils jusqu'aux épaules. Comme nos hommes refusaient toujours , ils ont été emmenés dans un bâtiment et enfermés deux ou trois dans une pièce ; et laissés là pendant 3 ou 4 jours sans nourriture ni eau ni commodité d'aucune sorte.

J'ai demandé au soldat... s'il était tout à fait sûr de cette affirmation et de la durée du temps, car les hommes seraient réduits à un état de famine absolue.

« J'en suis bien sûr, dit-il, et quant aux hommes affamés, je peux seulement vous dire qu'ils ont été trouvés recroquevillés sur le sol, se rongeant les ongles.

"Quand le commandant les a laissés sortir, il a dit qu'il les renverrait dans leur camp, car il admirait leur courage et ne pensait pas que les Anglais avaient autant de qualités en eux."

CHAPITRE XXIX
OSNABRUCK

ARRIVÉE AU CAMP. LA CANTINE. ROUTINE
QUOTIDIENNE. RATIONS. COLIS. NOUVELLES

Nous attendions le voyage avec beaucoup de plaisir, non pas que je voyais où j'allais, mais la sensation de voyager était un changement agréable.

Nous avons eu environ une demi-heure pour attendre notre train à la gare, au grand intérêt d'une foule de 60 ou 70 paysans, qui se sont rassemblés autour de nous et ont regardé avec émerveillement.

En fait, j'ignorais complètement que nous étions le centre d'attraction. Je pensais que nous étions assez seuls. Ce n'est pas un inconvénient d'être parfois aveugle.

Nous avions avec nous un garde composé d'un soldat avec un revolver à la ceinture, qui était sans doute entièrement chargé, même si nous ne lui avons pas donné la peine de le prouver.

Nous fûmes placés dans une voiture de seconde classe très confortable, tout à fait égale à une voiture de première classe anglaise. Les officiers allemands semblent également voyager en deuxième classe ; et lors de tous les voyages que j'ai faits en Allemagne, j'ai toujours été traité sur un pied d'égalité à cet égard.

À mi-chemin, nous avons dû nous changer et attendre environ trois quarts d'heure pour avoir une correspondance. Nous en étions ravis, car nous attendions avec impatience un repas au restaurant de la gare. Mais nous étions voués à la déception. En entrant dans le restaurant, il y avait plein de tables et de chaises, mais apparemment rien à manger.

Nous nous assîmes à une table en compagnie de notre escorte et Wishart se dirigea vers le comptoir pour commander un repas chaud, mais ne parvint pas à se faire comprendre. Après avoir commandé énergiquement tous les plats qui lui venaient à l'esprit, y compris les œufs et le bacon, et avoir souligné ses désirs par de violentes gesticulations, il revint mécontent à table et demanda l'aide du gardien, qui comprit qu'en Angleterre l'objet d'entrer dans un le restaurant a pour but de manger quelque chose.

On nous a finalement offert une tasse de café, un morceau de fromage et une tranche de pain très rassis et sans intérêt.

Nous sommes arrivés à la gare d'Osnabruck vers 21 heures et avons été placés dans un taxi à quatre roues, nos gardes assis en face de nous, avec un autre militaire, qui nous a accueilli à la gare, assis sur le siège de la loge, attirant ainsi l'attention des passants . -par et conjecture quant aux distingués occupants du taxi, dont les cigares à ce moment-là étaient malheureusement épuisés.

Nous avons parcouru environ quatre milles, car le camp d'Osnabruck est situé à la périphérie de la ville ; et nous avons été accueillis à notre arrivée par une demande du chauffeur de taxi pour dix marks.

Après avoir attendu quotidiennement un voyage en Angleterre, mon arrivée au camp d'Osnabruck me donna une crise de blues ; et je me sentais comme quelqu'un qui entre dans une prison pour y subir une peine de travaux forcés.

Nous frappâmes à la porte extérieure, qui était bien verrouillée, et fûmes interpellés par une sentinelle à laquelle notre garde répondit. Il n'était vraiment pas nécessaire de nous défier, car en ce qui nous concernait, Wishart et moi, nous étions parfaitement disposés à rester en dehors du domaine de son autorité.

Nous avons entendu un bruit de fusils alors que le garde sortait pour accueillir notre visite, et après avoir examiné nos papiers pour nous assurer que nous avions le droit d'entrer, nous avons traversé la cour et nous sommes arrêtés devant un très grand porte. Encore des coups et un bruit de verrous retirés, et nous entrâmes dans le bâtiment.

Alors que la porte était fermée et verrouillée derrière moi, je me sentais comme quelqu'un qui perdait à jamais sa liberté dans les cachots d'une puissante forteresse.

Nous avons été conduits à la cantine et le gérant de la cantine nous a fourni une tasse de thé, une tranche de pain et de la margarine – la margarine étant un luxe rare dans un camp de prisonniers.

Nous avons ensuite été emmenés dans un bureau, fouillés et notre argent échangé contre de l'argent de cantine. Cette précaution est toujours prise, de sorte que si un prisonnier s'évade, il n'est pas probable qu'il ait sur lui de l'argent négociable.

J'ai trouvé que les soldats qui nous ont fouillés étaient très justes, car voyant que j'étais aveugle, ils ont permis à Wishart de voir exactement l'argent que j'avais sur moi, afin qu'il n'y ait aucune contestation. En fait, c'est moi-même qui ai distribué l'argent.

Ils ne m'ont pas fouillé, mais m'ont demandé si j'avais sur moi quelque chose qui devait être abandonné, et maintenant j'y pense, même si d'autres ont toujours été rigoureusement fouillés, je ne me souviens pas avoir été fouillé moi-même. Ils m'ont toujours cru sur parole ; Peut-être était-ce parce que j'étais aveugle et qu'ils pensaient que j'étais inoffensif.

Nous avons ensuite été conduits dans une chambre au deuxième étage. Le docteur Pohlmann tint parole et une chambre pour trois personnes fut prévue, Rogan en étant propriétaire.

Le camp d'Osnabruck fait partie d'une caserne de cavalerie et l'hébergement est donc celui que l'on pourrait attendre d'une caserne anglaise et tout à fait adapté aux soldats.

Les chambres sont confortables ; il y a un petit poêle à charbon fourni et le mobilier se compose de lits de camp avec deux couvertures chacun, d'une commode et d'une petite table et d'une chaise. Certaines chambres contiennent jusqu'à sept lits, mais elles sont assez grandes et ne semblent pas surpeuplées.

Le docteur Pohlmann nous a expliqué que le camp possédait, entre autres attraits, une salle de billard. Il avait probablement raison, mais il avait dû oublier d'ajouter qu'il n'y avait ni table de billard ni autre meuble.

Une grande salle était réservée aux prisonniers britanniques et une autre aux prisonniers russes ; Celles-ci étaient meublées aux frais des prisonniers, d'un piano et de tables à cartes, et utilisées comme antichambres. L'antichambre britannique n'a cependant jamais semblé populaire, car les officiers préféraient leur propre salon, plus chaud.

Les Français n'avaient pas d'antichambre, même si je pense qu'ils auraient pu en obtenir une s'ils l'avaient souhaité.

Il y avait environ 250 prisonniers dans le bâtiment, dont environ 200 russes et français.

Il y avait une cantine où l'on pouvait se procurer presque tout sauf de la nourriture. La bière n'était pas mauvaise et assez bon marché ; mais les seules autres boissons disponibles étaient un liquide jaune et un liquide rougeâtre, auquel le directeur de la cantine donnait la description humoristique du xérès et du porto.

C'était un homme sage, ce gérant de cantine, car par quel dispositif stratégique aurait-il pu extraire une marque par verre de ses clients, et en même temps apporter une ambiance « avoir un autre » à son établissement ? Mais c'était un bon garçon et il contribuait grandement au confort des officiers (et au confort de son propre compte bancaire).

On pouvait lui acheter n'importe quoi (sauf de la nourriture), depuis un cure-dent (dont il ne nous avait jamais fait avoir besoin) jusqu'à un piano à queue (qu'il ne gardait pas en Sk) .

Il achetait à la commission, et il accordait une attention particulière à la dernière partie de l'achat. Mais il recherchait la coutume, et cela le rendait civil et obligatoire. Il vous fournirait une bouilloire d'eau bouillante pour 5 pfennigs ; ou, pour une plus grande considération, vous cuisineriez le faisan qui est venu dans votre dernier colis.

Le terrain à l'extérieur du bâtiment était très petit, bien que juste avant mon départ, un champ ait été ouvert, où les officiers pouvaient jouer dans un ballon. Il y avait aussi deux courts de tennis construits par les officiers.

Le tableau ne semble pas déplaisant ; et je ne pense pas que les officiers qui y sont emprisonnés se plaignent jamais de leur traitement. Mais s'il s'agissait d'un palais de marbre, cela ne changerait rien au fait qu'il s'agissait d'un camp de prisonniers ; et deux heures, c'était à peu près le temps que quelqu'un pouvait rester sans s'ennuyer.

Si la description que j'en ai faite laisse l'impression que les prisonniers passent de bons moments dans un tel isolement, quelques promenades autour du bâtiment en évitant les barbelés ; ou bien quelques nuits de sommeil troublées par les fréquentes interpellations de la sentinelle et les aboiements des chiens de garde les désillusionneraient et leur feraient comprendre ce que signifie ressentir les fortes forces de la captivité.

En Angleterre, nous traitons les officiers allemands avec beaucoup de libéralité ; et si jamais nous laissons cela susciter notre indignation, nous devrions nous arrêter pour rappeler que ce traitement généreux a incité les autorités allemandes à accorder des faveurs aux officiers britanniques.

Nos officiers, par exemple, lorsqu'ils signent une libération conditionnelle, sont autorisés une ou deux fois par semaine à faire une longue promenade à la campagne en compagnie d'un seul officier allemand ; et ce privilège mérite en tout cas qu'une égale considération soit accordée aux officiers allemands en Angleterre.

Un médecin est présent tous les matins, et s'il est nécessaire d'aller à l'hôpital ou chez le dentiste, ou si vous avez la permission de descendre pour toute autre raison, vous avez le privilège de louer un moyen de transport pour ce que le chauffeur de taxi voltige probablement lui-même. est une charge modérée ; mais si vous ne voulez pas payer pour ce privilège, vous pouvez marcher... dans le caniveau.

Le dentiste n'était pas une personne populaire à visiter, même si un prisonnier est souvent tenté de sacrifier une dent pour profiter du privilège d'une promenade en ville. Mais il avait tendance à utiliser ses compétences professionnelles comme un instrument de son ardeur patriotique et semblait aspirer à l'ablation de la mâchoire plutôt que de la dent.

Pendant que j'étais à Osnabruck, il y avait un bon commandant aux commandes. C'était un gentleman, impartial et attentionné, bien qu'il fût un soldat professionnel de la vieille école.

Quand je parle de la vieille école, cela m'amène à exprimer l'opinion que les brutalités perpétrées contre nos soldats tombés entre leurs mains au début de la guerre étaient dues à la haine militaire professionnelle plus qu'à l'intention populaire. Au début de la guerre, le soldat allemand de carrière semblait animé de la seule idée, sans doute nourrie par le système d'entraînement, de se rendre en Angleterre et d'assouvir sa faim par le meurtre et le pillage ; et les premiers prisonniers qui sauvèrent le peuple de ce pays par leur sacrifice héroïque reçurent la première expérience de leurs intentions.

Ma thèse est étayée par le fait que ces brutalités ne sont plus pratiquées aujourd'hui au même degré, car l'ancienne armée a plus ou moins disparu et une nouvelle armée de civils a pris sa place. À l'exception peut-être de certains éléments des commandements supérieurs, il y a un élément décroissant de l'esprit de "top dog", et un courant sous-jacent de sentiment qu'il n'est peut-être pas sage d'être trop autoritaire.

Aujourd'hui, c'est le civil allemand qui combat le civil britannique, et l'Allemand qui a une maison, une famille et une entreprise n'a pas la même haine que son prédécesseur professionnel.

Le soldat de métier allemand est inaccessible ; mais les soldats civils allemands semblaient raisonnables et soucieux de paix, et déploraient même l'autorité dominatrice qui l'obligeait à prendre les armes.

A Osnabrück, l'appel était effectué par les officiers défilant simplement à l'extérieur de leurs chambres respectives et venant saluer lorsque l'officier allemand passait devant lui, et lui, en passant, répondait au salut. L'appel du matin était à 9 heures du matin , donc à neuf heures moins une minute, il fallait se lever du lit.

Les curieux vêtements portés fréquemment plus dans un souci de rapidité que de dignité ont conduit à l'émission d'un ordre ordonnant aux officiers de défiler entièrement habillés. L'ingéniosité du soldat britannique pourrait cependant bientôt surmonter une exigence de ce genre. Neuf heures moins une minute prévalaient encore, mais le port de pardessus lors de l'appel tôt le matin gagna en popularité.

J'ai été très impressionné par le traitement équitable et systématique de nos colis, de nos lettres et de notre argent ; et même les lettres et les cartes postales qui m'arrivaient après mon renvoi en Angleterre étaient réadressées et renvoyées. Un envoi de cinq livres, qui m'était arrivé après mon départ, m'a même été restitué en Angleterre, au lieu d'être affecté aux besoins pressants de l'emprunt de guerre allemand.

Des lettres sont distribuées chaque matin. Les colis arrivent les lundis et jeudis, et une liste est établie et envoyée vers le même après-midi, à partir de laquelle chaque détenu peut s'assurer du nombre de colis qui l'attendent. Il se présente alors le lendemain à heure fixe pour recevoir ses colis, qui sont ouverts par le censeur allemand en sa présence.

Toute nourriture en boîte doit être ouverte, mais si elle n'est pas nécessaire pour une consommation immédiate, elle est placée non ouverte dans un casier, et il peut tirer ce dont il a besoin le jour où il souhaite l'utiliser.

La société American Express était autorisée à encaisser les chèques des agents par l'intermédiaire du payeur, qui tenait une comptabilité appropriée des débits et des crédits de chaque prisonnier ; afin qu'il puisse à tout moment retirer de l'argent des fonds qui étaient à son crédit. Ces comptes étaient tenus d'une manière très professionnelle, et un prisonnier était autorisé à se rendre dans le bureau du trésorier et à examiner ses livres quand il le souhaitait. Je connais au moins un cas dans lequel un prisonnier a été autorisé à mettre son compte à découvert.

Les prisonniers passaient la plupart de leur temps à Osnabruck à jouer au tennis, au football, à se promener dans la cour, à apprendre le français ou le russe, à jouer aux cartes ou à lire.

Les livres que les prisonniers reçoivent de temps en temps d'Angleterre circulent, formant ainsi une sorte de bibliothèque circulante.

En menant une vie de ce genre, on ne peut s'empêcher de développer les habitudes de l'école et de devenir enfantin dans bien des domaines.

On vit pour les lettres et les colis. Ce n'est pas la longueur des lettres ou la taille des colis qui comptent autant que le nombre ; et quand le bordereau de colis arrive, c'est un chanceux qui trouve quatre ou cinq colis qui l'attendent, même si leur contenu total ne dépasse pas celui de l'homme qui reçoit un seul colis.

Le mardi et le vendredi , le nombre de colis était un sujet passionnant, et l'un se tournait vers l'autre à la manière d'un écolier et disait :

"Combien de colis avez-vous aujourd'hui ?"

« Un seul… combien en avez-vous ?

"Six."

« Diable chanceux ! »

Dans chaque pièce, les hommes jettent leurs paquets dans un seul désordre et les partagent également ; et quand arrive un nouveau prisonnier qui ne recevrait pas de colis, il partage sa chambre avec les autres.

Si plusieurs prisonniers qui viennent d'arriver sont mis seuls dans une chambre, ils ne s'en sortent évidemment pas aussi bien et, jusqu'à l'arrivée de leurs colis, plusieurs semaines plus tard, ils dépendent plus ou moins de la nourriture qui leur est distribuée ; bien que les autres envoient fréquemment des cadeaux de nourriture et que des vêtements soient prêtés.

La somme demandée aux prisonniers pour la nourriture était de quarante-cinq marks par mois. Nous avons été informés par la suite qu'en vertu d'un nouveau règlement, la redevance devait être réduite à trente marks par mois, conformément à un accord international. Et le commandant expliqua que pour cette somme il ne pouvait fournir que la même ration que celle que recevaient les hommes ; mais ils continueraient à fournir l'ancienne ration si les officiers acceptaient volontairement de continuer à payer quarante-cinq marks et un supplément pour leur pain, ce qu'ils firent bien sûr.

Cette ration se composait de simili-café pour le petit-déjeuner et d'aucune nourriture. Une assiette de trucs lavés appelés soupe, pour le dîner, suivie de quelques pommes de terre en purée et parfois de trucs verts ; et pour le dîner, encore des pommes de terre bâclées.

Pour satisfaire sa faim par une journée froide avec une telle nourriture, qui ne convient qu'aux porcs, on ne peut le faire qu'en desserrant le gilet, et une demi-heure après on a l'impression de n'avoir jamais mangé.

Les prisonniers étaient autorisés à recevoir autant de lettres qu'ils avaient la chance de les envoyer ; et il ne semble y avoir aucune restriction quant à la longueur de la lettre.

Ils ont le droit d'écrire deux lettres de quatre pages chacune et quatre cartes postales chaque mois. Toutes les lettres sont censurées par une équipe de censeurs du camp. Les lettres et cartes postales sortantes sont conservées pendant dix jours, afin de vérifier, je crois, si de l'encre invisible a été utilisée.

Les nouvelles arrivent dans le camp principalement par l'arrivée de nouveaux prisonniers, qui sont maintenus en quarantaine pendant une dizaine de jours.

Les bulletins officiels allemands sont affichés dans l'antichambre ; et le *Continental News* , qui est publié en langue anglaise, ou plutôt déshonore la langue anglaise en l'utilisant, est publié quotidiennement. Soit dit en passant, le *Continental News* est un torchon de la pire espèce et contient des mensonges de la pire des sortes.

Mon ordonnance vint me voir un jour, et après avoir soigneusement fermé la porte, il sortit de dessous sa tunique quelques bouts d'un journal anglais vieux d'un mois.

Nous avons dévoré les nouvelles avec avidité, ainsi que les annonces, et les avons fait circuler tranquillement aux autres officiers.

Il avait balayé la cantine après que le censeur eut fini d'ouvrir les colis. Un paquet avait été enveloppé dans le journal et, sans y réfléchir, le censeur l'a négligé, a déchiré le papier en fragments et l'a jeté par terre.

Mon aide-soignant, en balayant, remarqua les morceaux sur le sol. Le censeur était dans la pièce et il continua à balayer jusqu'à ce que, lorsque la tête du censeur fut tournée, il se baissa et, la saisissant, la fourra dans sa tunique.

CHAPITRE XXX
COMÉDIE ET DRAME

JE SALUE LE MUR. L'HISTOIRE D'UN ŒUF. UN NOUVEAU BANQUET. JOIE ROULEZ SUR UN CAMION. LA COMMISSION SUISSE

Quand je suis arrivé à Osnabruck, j'ai trouvé trois ordres anglais, et à ma grande surprise et plaisir, deux étaient des hommes de mon propre régiment qui avaient été capturés au bois de Gommecourt le 1er juillet.

Le commandant est venu me rendre visite le lendemain matin, ce qui est très inhabituel ; mais aucun prisonnier aveugle n'avait jamais été enfermé dans les murs d'Osnabruck auparavant, et je suppose que j'étais un objet d'intérêt.

J'ai entendu Rogan dire « Commandant » et claquer des talons.

Je me suis levé et j'ai salué. Je me retournai car, sans le savoir, j'avais gravement salué le mur.

Il parlait assez bien anglais :

"Tu es assez aveugle ?"

"Oui, tout à fait."

« Vous ne voyez aucune lumière… rien, non ? »

"Rien du tout."

"Ta santé, vote , est-elle bonne , ouais?"

"Très faible et fragile ; je n'arrive pas à dormir la nuit."

"Est-ce que tu veux quelque chose ?"

"Il y a ici deux ordres de mon propre régiment. Puis-je en avoir un comme assistant personnel ? Sinon , je suis impuissant ; je ne suis pas encore habitué à la cécité, et parmi tant de gens et dans un environnement étranger, je deviendrai une nuisance."

"Ouais, je vais prendre des dispositions."

C'est ainsi que j'ai choisi le soldat Cotton comme infirmier. Cotton était un brave garçon ; C'était un type bien élevé et supérieur, et nous nous sommes beaucoup attachés l'un à l'autre pendant ces trois longs jours.

Il parlait français, et bien qu'il ne parlât pas allemand, il possédait cette merveilleuse faculté particulière au simple soldat de comprendre et de se faire comprendre dans une langue qu'il ne connaissait pas.

Il avait été fonctionnaire au War Office ; mais au début de la guerre, il s'était porté volontaire sous les couleurs et combattit nuit et jour dans les tranchées pour un shilling par jour ; tandis que le jeune homme qui prenait sa place au War Office gagnait un pence et six pence par heure supplémentaire après 16 heures. Pourtant, Cotton ne s'est jamais plaint. Mais son devoir était l'opportunité pour l'autre homme.

Au moment où j'écris ces lignes, Cotton est toujours prisonnier. Je me demande si l'autre homme fait toujours des heures supplémentaires et porte un insigne de service de guerre ?

Or Cotton était un gentleman tant par sa naissance que par son éducation ; mais il était simple soldat et semblait en faire un passe-temps. Il était soldat et j'étais capitaine, et il a insisté pour que ce gouffre soit maintenu.

Chaque fois qu'il me souhaitait une bonne nuit, après m'avoir couché dans mon lit et m'avoir préparé du cacao - généralement de ses propres provisions, car mes colis s'étaient égarés - je l'entendais toujours claquer des talons et je savais qu'il m'avait salué.

Le deuxième jour après mon arrivée à Osnabruck, il m'a emmené faire de l'exercice dans la cour devant la cantine. C'était ma première apparition, et j'étais évidemment l'objet d'une certaine curiosité, car il y avait du vent autour du camp selon lequel un prisonnier aveugle avait été amené.

Lorsque les officiers français me dépassaient, je les entendais dire : « Bonjour, capitaine » ou « Bon jour, mon camarade ."

Les officiers anglais étaient splendides et toujours désireux de m'aider, et je prenais souvent un dîner de bienvenue composé de chocolat et de gâteaux dans leur chambre avant de me coucher.

Je crains cependant d'en avoir fait un gros repas, car pendant les deux premières semaines, j'ai dû vivre avec les rations allemandes.

Lorsque j'ai fait ma première promenade dans la cour, le gérant de la cantine, sa femme et sa fille veillaient visiblement sur moi ; car peu à peu, en signe de leur bonne volonté, la fille accourut après moi avec un cadeau. C'était un œuf !

Cotton et moi avons discuté sérieusement de cet œuf. Il a pensé que je devrais le garder et en prendre la moitié pour le souper et l'autre moitié pour le petit-déjeuner ; mais j'ai réglé l'affaire en le mangeant immédiatement.

Je crois avoir oublié de mentionner que nous avions le droit d'acheter, pour un demi-mark, une miche de pain tous les cinq jours. Je n'avais aucune idée jusqu'où irait un pain ; Je n'y avais jamais pensé auparavant.

Mais Cotton en faisait une science ; et il a compris que deux petites tranches pour le petit-déjeuner et la même chose pour le dîner me suffiraient, et il m'a tenu à le faire.

"Coton", disais-je après avoir déjeuné avec les deux tranches, "je pourrais en manger une autre tranche".

"Mieux vaut ne pas le faire, monsieur."

"Pourquoi pas, Cotton ? C'est mon pain."

"C'est le quatrième jour, monsieur, et si vous avez une autre tranche, il n'y aura qu'un petit morceau de croûte pour le petit-déjeuner de demain."

"Très bien, Cotton, je vais plutôt dormir à l'heure du dîner."

Ce fut une journée joyeuse lorsque mes premiers colis sont arrivés au camp. J'étais trop excité pour manger seul ce jour-là ; et j'ai invité le jeune Martell du RNAS à venir dîner avec moi dans ma chambre.

Il y avait une boîte de soupe et une boîte de tripes et d'oignons, ainsi que des biscuits et du fromage. Quel banquet ! Martell et moi avons décidé de nous comporter avec style. Nous sommes même allés jusqu'à envoyer Cotton à la cantine pour deux verres de ce que nous parlions avec indulgence de l'humour du gérant de la cantine en appelant du porto.

Martell fit cuire les tripes et les oignons, après avoir ouvert la boîte avec son canif, et la fit bouillir sur le feu. Plus nous pensions à ce repas, plus nous envisageions d'en faire une tartinade.

Le coton, lui aussi, s'est montré à la hauteur. À la cantine, il obtint une feuille de papier blanc pour faire une nappe, et à côté de chaque assiette il plaça un mouchoir blanc et propre comme serviette.

La table était juste un peu brute, en bois, d'environ deux pieds carrés. La pièce a été balayée et les lits faits pour donner à la pièce un aspect soigné, puis nous nous sommes assis.

Oui, Cotton a compris. Il savait que ce repas ramenait nos pensées en Angleterre. Cela le ramenait aussi. Il savait que nous nous imaginions de nouveau dans le désordre ; et il a imaginé la même chose lui-même.

Dans cette petite pièce, et devant cette boîte de tripes et d'oignons, nous oubliions que nous étions prisonniers ; nous avons oublié que des rangées et des rangées de barbelés nous liaient en captivité ; nous ignorions les pas de la sentinelle qui faisait les cent pas devant notre fenêtre et les aboiements aigus des chiens.

Nous nous retrouvâmes dans le désordre, et nous causâmes et riâmes pendant le repas comme autrefois, tandis que l'arôme des tripes et de l'oignon nous remontait le moral ; et Cotton se tenait derrière moi, silencieux et attentif, retirant les assiettes, les lavant et les remettant prêtes pour le plat suivant, faisant semblant de tirer des assiettes dans un garde-manger bien rempli.

Nous avons terminé notre repas avec des biscuits et du fromage, puis nous nous sommes levés solennellement et avons levé nos verres pour porter un toast au roi.

Puis nous avons rapproché nos chaises autour du feu, fait chauffer le café qui restait du petit-déjeuner, nous avons baigné nos pensées dans l'arôme de deux cigares que Cotton avait soigneusement fournis pour l'occasion de la cantine.

Oui, peuple d'Angleterre, vivant chez lui dans le luxe, protégé par une fine ligne de kaki ; lorsque vous vous inquiétez à l'idée d'un jour sans viande par semaine, essayez de vivre quinze jours de slops, puis appréciez les gloires d'une boîte de tripes et d'oignons.

Pourtant, on peut vivre de slops et améliorer un repas par une imagination débordante. En fait, l'imagination est un net avantage lorsque l'on s'assoit avec faim devant une assiette de soupe liquide et de pommes de terre bâclées pour le dîner.

Quand la porte s'ouvrait et que Cotton apparaissait avec ce repas peu recommandable , qui était toujours le même chaque jour, je lui disais du ton le plus indifférent que je pouvais prendre :

"Eh bien, Cotton, quel genre de soupe est-ce aujourd'hui ?"

"Eh bien, monsieur, je ne sais vraiment pas. Cela pourrait être n'importe quoi ; cela ressemble à de l'eau chaude."

"Eh bien, mon cher Cotton, cette soupe est salée. Comme tu es ennuyeux ! Il a dû y avoir une bataille dans la mer du Nord !"

« Comment le savez-vous, monsieur ?

" C'est comme ça que font les Allemands. Cette soupe est de l'eau de mer chaude ; c'est pour célébrer une victoire. "

Le lendemain, il y aurait une légère différence dans la soupe, et Cotton secouerait à nouveau gravement la tête, incapable de comprendre son mystère.

"Mon cher Cotton, quand apprendras-tu à recueillir des informations sur tes rations par une méthode de déduction ?"

"Y a-t-il eu une autre bataille en mer du Nord, monsieur ?"

"Non, mon cher Cotton, la soupe est plus épaisse ; la flotte allemande est de retour dans le canal de Kiel."

C'était le début de la troisième semaine de mon séjour à Osnabruck, lorsqu'on me dit un jour que je devais me rendre le lendemain matin au camp de Blenhorst pour comparaître devant la Commission suisse. Trois autres officiers devaient également partir, dont Rogan.

Le coton devait m'accompagner, et nous fîmes de grands préparatifs pour le voyage, emballant dans une boîte en fer blanc des biscuits et du fromage, du chocolat et des sardines ; car, bien qu'un officier soit facturé de la même manière pour sa ration journalière complète, les Allemands ont l'habitude de l'envoyer faire une longue journée de voyage sans nourriture.

Nous sommes partis vers 6 heures le lendemain matin, de joie ; car quel que soit le résultat de la Commission suisse, il y avait le voyage à Blenhorst pour briser la monotonie d'Osnabruck.

Nous avons dû changer de train plusieurs fois et dans les restaurants de la gare, nous avons vécu à peu près la même expérience que celle que j'ai décrite lors de mon voyage depuis Hanovre.

Dans un restaurant, nous ne pouvions obtenir qu'une tranche de jambon aussi fine qu'un papier de soie, et dans un autre une toute petite saucisse ; et pourtant les Allemands que nous croisions dans les rues ne semblaient pas manquer de nourriture ni souffrir de difficultés à cet égard. Les gens dans les rues, je crois, avaient l'air tout aussi satisfaits et bien nourris que les Anglais.

La gare de Blenhorst est à environ huit milles du camp. Un grand camion plat et ouvert a été envoyé à notre rencontre pour transporter nos bagages, mais comme nos affaires étaient pour la plupart transportées dans nos poches, il n'était pas nécessaire à cette fin.

Nos deux gardes, qui n'avaient pas plus envie que nous de marcher, se sont alors rendu compte que nous pourrions monter nous-mêmes dans le camion. Ils obtinrent un formulaire pour en accueillir quatre, et nous, les quatre officiers, occupâmes ce siège dans le camion découvert, Cotton assis par terre, tandis que les deux gardes étaient assis ensemble derrière nous, les pieds pendants sur le côté.

Cette balade, je n'oublierai jamais. C'était peut-être parce que j'étais aveugle que la situation me paraissait si ridiculement drôle. Le camion à un seul cheval était tiré lentement à travers les rues pavées et accidentées, par à-coups soudains, ce qui envoyait nos jambes voler dans les airs, donnant à la forme une inclinaison ; et je m'attendais à chaque minute à ce que nous fassions tous les quatre un double saut périlleux par-dessus les têtes de nos gardes derrière nous, et que nous tombions sur la route comme des clowns dans un cirque.

Imaginez l'image, un camion découvert par une journée glaciale traversant les rues d'une petite ville allemande avec quatre officiers britanniques en uniforme ; deux avec la tête bandée, un autre avec un bras en écharpe et un quatrième avec une jambe boiteuse, tous assis sur une forme, grelottant de froid, tous fumant des cigares ; tandis que les gens sortaient et regardaient, bouche bée, cet étrange spectacle ; et une foule de petits gamins accouraient derrière, criant à pleine voix.

Tout cela m'a été expliqué ; et j'imaginais bien davantage, car la situation ridicule ne pourrait être complète que si une pluie d'œufs pourris nous était lancée à notre passage.

Le lendemain matin, la Commission suisse arriva et tous ceux qui désiraient comparaître devant elle reçurent l'ordre de se rassembler dans la cour.

C'était une assemblée pathétique, des officiers et des hommes mutilés et affligés de manière irréparable, attendant dans une longue file d'attente leur tour pour entrer et connaître leur sort.

Il y avait un certain nombre de Tommies qui faisaient office d'infirmiers dans le camp et qui étaient prisonniers depuis Mons. Il n'y avait rien de grave chez eux ; Pourtant, la manière silencieuse et pleine d'espoir avec laquelle ils prirent position dans la ligne, sachant comme ils devaient le faire, que leurs chances étaient désespérées, était des plus pitoyables à voir.

Pourtant, les mêmes hommes, dès leur comparution devant la Commission et immédiatement rejetés, ont ri et plaisanté en revenant à leur travail.

Le Britannique Tommy est héroïque et rude, même si son langage l'est parfois, c'est un homme et la Grande-Bretagne est son débiteur.

CHAPITRE XXXI
GRATUIT

JE BLUFFE LE SERGENT ALLEMAND. AIX-LA-CHAPELLE. DEUX BOUTEILLES DE VIN. À TRAVERS LA FRONTIÈRE. SUPER SCOTT! JE SUIS FACTURÉ DE MES PROPRES FRAIS DE DÉCÈS

J'étais passé pour l'Angleterre !

Le jury d'examen était composé d'un médecin suisse, d'un médecin allemand et du commandant du camp. Le médecin suisse recevait une liste d'invalidités en vertu desquelles les prisonniers pouvaient être transférés pour être échangés dans leur propre pays, ainsi que d'invalidités partielles pour la Suisse, et fréquemment des objections à la demande d'un prisonnier étaient faites par le représentant allemand.

De notre parti d'Osnabruck, un a été rejeté, deux ont été adoptés pour la Suisse et moi pour l'Angleterre.

La décision de la Commission suisse n'est pas définitive, car, une fois envoyés à la frontière, tous les prisonniers sont à nouveau examinés - cette fois par des médecins allemands uniquement - et, par leur décision, les prisonniers sont souvent rejetés et renvoyés au camp.

L'examen final pour ceux qui vont en Suisse a lieu à Constance et pour ceux qui vont en Angleterre, à Aix-la-Chapelle.

J'ai connu un certain Tommy britannique qui, pendant dix-huit mois, avait été deux fois envoyé en Angleterre et une fois en Suisse, et chaque fois refoulé à la frontière, et il est toujours en Allemagne aujourd'hui.

C'est environ deux semaines après avoir été passé par la commission suisse qu'un sous-officier allemand est venu dans ma chambre et m'a dit que je devais partir à 4 heures du matin le lendemain matin pour l'Angleterre.

J'attendais ce moment depuis trois longs mois ; Je n'avais aucune occupation d'enfant et passais la plupart de mon temps allongé sur mon lit ou assis sur une chaise inconfortable devant le feu, attendant toutes les heures que la porte s'ouvre pour m'annoncer ma liberté.

La permission m'avait été accordée d'emmener Cotton avec moi à la frontière, nous avons donc emballé toute la nourriture que nous avions à Sk et nous sommes préparés pour le voyage. Après quelques heures de voyage, nous arrivons au camp de Hameln, où nous devions passer la nuit. Il n'y avait pas de logement pour les officiers dans le camp et ils ne savaient apparemment pas quoi faire de moi ni comment me nourrir, car ils n'avaient jamais été appelés auparavant pour prendre en charge un officier.

La seule cabane de rechange se trouvait à une certaine distance de la route, mais comme elle se trouvait à l'extérieur du camp, il a fallu monter une garde spéciale devant ma porte. La question de me nourrir s'est évidemment avérée plutôt délicate, et un sous-officier allemand, qui parlait anglais, est venu me voir à ce sujet.

« Vous ne recevez pas à Osnabruck les mêmes rations que les simples soldats ? Non ?

J'ai vu une opportunité et je l'ai saisie.

"Non, une nourriture spéciale est toujours fournie aux officiers."

"Qu'est-ce que tu prends habituellement?"

"Viande, légumes, pudding ou fruits et café."

"Zo ! Mais tu as combien ? Tu as *tout* ça ?"

"Oui. Autant que nous aimons payer."

"Mais l'argent. Comment payez-vous ?"

"Oh, je paierai en espèces avant de partir."

"Goot. Je t'enverrai un dîner."

"Au fait, qu'en est-il de ma commande ? Apportez-lui la même chose."

"Est-ce habituel ? Je lui donne probablement des rations avec les hommes."

"C'est contraire au règlement à Osnabruck. Les officiers paient la nourriture de leurs aides-soignants. Apportez-lui la même chose que moi. Au fait, des saucisses et du café au petit-déjeuner pour tous deux."

Les repas étaient excellents et j'étais heureux que nous soyons partis le lendemain avant que le commandant ne revienne et découvre que j'avais bluffé le sergent.

À la fin du lendemain, nous arrivâmes à Aix-la-Chapelle et, une fois de plus, étant le seul officier, des difficultés surgirent concernant mon logement.

Cette fois, j'ai été placé dans un véritable hôpital qui servait aux officiers allemands, et le logement était tout aussi bon que ce à quoi je m'attendais en Angleterre. Il y avait six infirmières dans cet hôpital, gentilles et généreuses dans leur traitement, et elles me nourrissaient avec toutes les délicatesses qu'elles pouvaient trouver et me servaient mains et pieds.

Cotton reçut l'ordre de retourner à Osnabruck et fut remplacé par un infirmier allemand. Un garde armé était placé devant la porte de ma chambre, jour et nuit, et chaque fois que je faisais de l'exercice dans le jardin, j'entendais ses pas derrière moi, me suivant partout où j'allais et crachant par terre tous les deux ou trois mètres.

Le deuxième jour après mon arrivée, je me suis rendu à mon examen final et le médecin m'a dit qu'il enverrait son sergent-major, qui parlait bien anglais, pour m'entretenir ce soir-là. Qu'est-ce que ça voulait dire ? Pourquoi voudrait-il me parler ? Je suis devenu méfiant et j'ai attendu sa venue avec une certaine inquiétude.

Il est arrivé vers 19 heures ce soir-là, amenant un ami et deux bouteilles de vin. Ils ont ouvert le vin et nous avons fumé ensemble. La conversation allait être très difficile. Je sentais que j'allais être poussé à obtenir des informations.

Cela allait être une bataille d'esprit – je pouvais le sentir dans mes veines.

J'ai décidé d'être agréable et plein de tact et de répondre à chaque question en en posant une.

En fait, je me suis trompé. C'étaient des Allemands qui avaient vécu en Angleterre et travaillé à la Deutsche Bank à George Yard, Lombard Street, jusqu'à l'éclatement, et qui vivaient à Highbury. J'ai vite découvert qu'ils n'étaient pas du tout de mauvais gars, même si leur conversation d'ouverture m'a mis en colère et m'a rendu méfiant.

« Londres doit être pleine de soldats ?

Je répondis prudemment :

"Eh bien, je suppose que les grandes villes, Londres, Paris, Berlin, Vienne, doivent toutes être pleines de soldats ces jours-ci."

"Mais que pensent réellement les Anglais de la cause de la guerre ?"

"Eh bien," répondis-je évasivement, "c'est difficile à dire, parce qu'en Angleterre, les gens qui parlent ne pensent pas, et ceux qui pensent ne parlent pas."

"Eh bien, pensez-vous que lorsque la guerre sera finie, il y aura de la rancune ? Pensez-vous que les choses vont s'arranger et que nous pourrons à nouveau y vivre comme avant ?"

"Eh bien, cela dépend des sentiments du peuple après la guerre."

"Vous savez, nous ne pouvons pas comprendre les Anglais ; vous êtes très difficile à comprendre, votre façon de faire les choses."

"Comment?"

"Eh bien, regardez la façon dont vous avez constitué votre armée. C'est merveilleux ; nous l'admettons tous. Cela nous a surpris.

"Regardez vos colonies. Nous pensions que le Canada et l'Australie se sépareraient ou, dans le meilleur des cas, n'enverraient pas plus de 50 000 hommes environ.

"Mais ce que nous ne comprenons pas, c'est pourquoi un pays qui peut organiser et gérer une armée aussi énorme est incapable de gérer sa population civile."

"De quelle manière tu veux dire ?"

"Eh bien, regardez l'Irlande ; imaginez autoriser ce genre de chose ! Et les frappes que vous avez ! Vous construisez une armée, puis permettez à votre peuple de la gêner en frappant."

"Comment pouvez-vous l'aider?"

"On ne trouve pas de grèves en Allemagne, parce que nous organisons notre population civile pour la guerre, tout comme la population militaire.

« Il y a quelque temps, il y a eu une grève, non pas pour plus d'argent, mais parce que les hommes estimaient qu'ils ne recevaient pas la nourriture à laquelle ils avaient droit. Savez-vous ce que nous avons fait ? Nous les avons tous mis en uniforme et nous les avons envoyés en mission . dans la Somme, et nous avons renvoyé de la Somme un nombre égal de soldats pour les remplacer dans l'usine.

"Quand pensez-vous que la guerre sera finie ?" J'ai demandé.

"Quand chaque camp se rend compte qu'il ne peut pas exterminer l'autre. Regardez ce que nous avons fait dans la Somme ! Vous avez perdu, disons, 700 000 hommes, et nous en avons perdu, disons 500 000 ; et jusqu'où en êtes-vous ? "Vous ne nous battrez jamais. Si vous nous pliez davantage, nous n'aurons qu'à nous retirer sur une nouvelle ligne, et vous devrez recommencer votre travail. Vous pouvez plier, mais vous ne pouvez pas." brise-nous."

"Eh bien, tu l'as essayé, et maintenant c'est notre tour."

"Oui, mais cela ne finira jamais ainsi. Savez-vous que depuis des mois nous creusons une nouvelle ligne, une ligne droite entre Lille et Verdun, qui raccourcira notre ligne de moitié ? Et si vous la pliez, nous la plierons." en construire un autre plus loin. Cela peut continuer éternellement à ce rythme-là.

« Et le blocus ?

"Bien sûr, c'est une farce. Vous faites de votre mieux pour nous affamer depuis plus de deux ans. Ai-je l'air affamé ? Nous n'avons peut-être pas la nourriture aussi bonne que nous le souhaiterions, mais nous en avons assez pour vivre, parce que nous "Je l'ai bien systématisé ; alors que vous laissez vos gens manger ce qu'ils veulent."

Oui, il y avait du vrai là-dedans ; et après avoir bu tout son vin, je me suis mis au lit ; car demain je devais être libre !

Le lendemain soir, à 19 heures, des automobiles, chacune avec deux remorques, se dirigèrent vers la gare, remplies de soldats totalement invalides, en route pour l'Angleterre.

Même leurs ravisseurs pensaient que cela ne valait pas la peine de les garder.

La guerre est une monstrueuse machine du diable. D'un côté, la virilité britannique se déversait dans son chaudron enflammé ; et ici, à l'autre bout, le diable ramassait les cendres.

Mon histoire touche à sa fin.

Le train-hôpital, transportant son fret humain, traversa Namur, Liège , Bruxelles et Anvers jusqu'à la frontière néerlandaise.

Tous ceux qui le pouvaient regardaient avec impatience par la fenêtre le moment où ils accéderaient à la liberté.

Le train s'est arrêté dans une petite gare juste à la frontière et quelques formalités ont été accomplies. Ça a recommencé – il y avait une sentinelle allemande – il y avait une sentinelle hollandaise – c'était fini. Hourra!!!

Des acclamations après acclamations retentirent de cette longue file d'hommes prosternés.

Le train s'est arrêté dans une petite gare juste de l'autre côté de la frontière. La portière de ma voiture s'ouvrit en grand et plusieurs jeunes filles hollandaises vinrent à mon lit, et une pluie de choses déferla autour de moi tandis qu'elles passaient les unes après les autres, disant :

"Cigarettes, s'il vous plaît ; pomme, s'il vous plaît ; cigare, s'il vous plaît ; gâteau, s'il vous plaît ; bonbons, s'il vous plaît ———"

J'étais au paradis.

Mon histoire est racontée.

Je suis de retour dans ma propre maison maintenant ; et alors que je termine ce dossier, le facteur m'apporte une lettre. Cela vient de mes notaires ; Je l'ai déchiré et j'ai trouvé un compte. L'ironie du sort clôt le chapitre :

« Aux services rendus à l'occasion de la mort du capitaine Nobbs !